傳奇詩篇

劉放吾將軍與仁安羌大捷

中國遠征軍系列叢書

叢書主編◎周惠民

劉偉民 著

雷多
新平洋
印度
密支那
孟拱
中
騰衝
龍陵
南先慶
卡薩
八莫
國
芒友
緬
臘戍
曼德勒
仁安羌
甸
平滿納
同古
仰光

政大人文中心

政大出版社
Chengchi University Press

國家圖書館出版品預行編目(CIP)資料

傳奇詩篇：劉放吾將軍與仁安羌大捷 / 劉偉民著. -- 初
版. -- 臺北市：國立政治大學政大出版社, 國立政治大
學人文中心出版：國立政治大學發行, 2023.11
　　面；　公分. -- （中國遠征軍系列叢書）
　　ISBN　978-626-97015-2-0（平裝）

1.CST: 劉放吾　2.CST: 第二次世界大戰
3.CST: 中日戰爭　4.CST: 戰史　5.CST: 緬甸

628.58　　　　　　　　　　　　　111022236

中國遠征軍系列叢書

傳奇詩篇：劉放吾將軍與仁安羌大捷

著　　者｜劉偉民

發 行 人　李蔡彥
發 行 所　國立政治大學
出 版 者　國立政治大學政大出版社
合作出版　國立政治大學人文中心
執行編輯　朱星芸、蕭淑慧
封面設計　蘇海、談明軒
地　　址　116011臺北市文山區指南路二段64號
電　　話　886-2-82375671
傳　　真　886-2-82375663
網　　址　http://nccupress.nccu.edu.tw

經　　銷　元照出版公司
地　　址　100007臺北市中正區館前路28號7樓
網　　址　http://www.angle.com.tw
電　　話　886-2-23756688
傳　　真　886-2-23318496
戶　　名　元照出版有限公司
郵撥帳號　19246890

法律顧問　黃旭田律師
電　　話　886-2-23913808

排　　版　弘道實業有限公司
印　　製　鴻柏印刷事業股份有限公司
初版一刷　2023年11月
定　　價　320元
ＩＳＢＮ　9786269701520
ＧＰＮ　1011201743

政府出版品展售處
• 國家書店松江門市：104472臺北市松江路209號1樓
　電話：886-2-25180207
• 五南文化廣場臺中總店：400002臺中市中山路6號
　電話：886-4-22260330

目　次

叢書序

2017 年開始，國立政治大學人文中心便推動中國遠征軍的研究，執行「中國遠征軍與第二次世界大戰研究計畫」。近代以來，中國軍事技術發展滯後，抵禦外侮時經常力不從心。雖然在自強新政時期，李鴻章（1823-1901）等謀國之士不斷主張富國強兵，但積重難返。民國成立之後，政府也力求強化國力，聘用外國軍事顧問與採購武器，但多消耗於內鬥，面對強敵環伺，頗有力不從心之嘆。從 1931 年起，日本即不斷蠶食鯨吞，由東北而華北，半壁河山，都在日本陰影之下。1937 年，國人已忍無可忍，讓無可讓，盧溝橋事變與淞滬會戰向日本宣示抗戰的決心。

1941 年底，中國已經獨立抗戰四年，戰火燃燒中國，並無外援可恃，局勢相當緊急。就在此時，太平洋戰爭爆發，日軍揮兵東南亞，壓迫長期盤據當地的大英帝國與尼德蘭。大英帝國日漸窘迫，只得求助於中、美。政府乃決定派遣國軍，出境作戰，這也是近代以來，第一次有中國軍隊在異域與盟邦並肩作戰。幾場重要作戰中，遠征軍英勇表現，改變列強對中國軍隊的刻板印象，中國更成為第二次世界大戰後的五強之一，實至名歸。

政府遷臺之後，不斷整理出版第二次世界大戰的文獻檔案，提倡戰史研究，數十年來，成果非凡。但遠征軍的研究相對較為缺乏，原因不一而足：許多將領滯留大陸，評價不易；英、美等國檔案資料解讀困難。七十餘年後，幾番代謝，人事具成古今，而歷史勝跡，且待我輩復臨。

政治大學人文中心乃邀請學界俊彥，重新檢視遠征軍相關課題，並從太平洋戰爭乃至第二次世界大戰的角度，微觀與宏觀並進，檢討遠征軍的意義與影響。其微觀者如仁安羌作戰研究，將 1942 年 4 月 18、19 兩日仁安羌作

戰的實況，重新梳理。宏觀者如從英、美、德等國的檔案，觀察中途島海戰以後，太平洋戰區與第二次世界大戰各地戰區的關聯。

「中國遠征軍與第二次世界大戰研究計畫」分年依不同進程及步驟實施。第一年，由專家組建團隊，邀請青年學子參與，定期討論，舉辦期初論文研討會，凝聚共識，形成課題，包括：「遠征軍組織與編制」、「兩次入緬作戰行動」、「遠征軍與國際關係」、「緬北反攻影像實錄」等。第二年的期中論文研討，再廣邀學者，博訪周諮。第三年結案研討會之後，才將論文彙整出版。參與研究計畫的青年學者經過長期討論薰陶，也分別從外交、宣傳等角度，發表論文，頗有可採。

另一方面，人文中心多方蒐整國內外檔案，包含國史館、國家發展委員會檔案管理局、中央研究院近代史研究所檔案館、中央研究院臺灣史研究所檔案館、中國國民黨文化傳播委員會黨史館、中國第二歷史檔案館、日本國立公文書館亞洲歷史資料中心（国立公文書館アジア歴史資料センター）、英國國家檔案局（The National Archives）、美國國家檔案暨文件署（National Archives and Records Administration）、德國聯邦檔案館（Das Bundesarchiv）等重要檔案館所藏文書。自二次世界大戰結束以來的專刊、論文、報章等也在蒐集之列。此外，許多遠征軍官兵及其家屬也紛紛將所藏相片、文件等提供人文中心以為研究之用，一併統整建置成數位聯合目錄，裨益檢索之便。

三年多以來，研究團隊經過數十次的學術討論、三次大型研討會，將研究成果出版成書，分享讀者。計有專書 9 冊、檔案史料彙編 2 冊，集結為「中國遠征軍系列叢書」。付梓之際，特說明本叢書緣起，並祈高明不吝賜教，以補罅漏。

第一章
緒論

一、日本發動戰爭的起因

　　19 世紀中期，中、日兩國同樣面臨西方列強的武力威脅，兩國採取類似的自救之道，中國啟動了「自強運動」，日本則有「明治維新」。雖然理念與方法類似，但日本改革成效明顯，到 1880 年代，日本軍隊現代化工作已粗具規模，甚至在朝鮮半島的壬午與甲申兩次事變時，對中國在朝鮮的宗主地位造成極大威脅。1894 年，日本更進一步利用朝鮮衝突，突襲中國，史稱中日甲午戰爭，隔年迫使中國簽下《馬關條約》，割讓臺灣、澎湖及遼東半島，繳付巨額賠款。[1] 幾年之後，日本先與英國簽訂同盟條約，再出兵挑戰俄羅斯，逼迫俄羅斯勢力退出中國東北，並取而代之，一躍成為東亞乃至世界強權。

　　日本為火山形成的多山島國，缺乏天然資源，其所以積極侵略中國，經濟掠奪為其主因。另一方面，19 世紀中期許多日本「志士」提出的「帝國生命線」主張，要禦敵於境外，故希望控制中國，在中國建立起帝國的國防線。職是之故，20 世紀初以降，日本不斷侵略中國，更利用第一次世界大戰，西方列強忙於征戰之際，將中國視為俎上肉，必蠶食鯨吞而後快。

---

[1]　中日甲午戰爭始於 1894 年 7 月 25 日，終於 1895 年 4 月 17 日。中國戰敗，簽下《馬關條約》，割地賠款。1896 年臺灣抗日保臺愛國志士、教育家及愛國詩人丘逢甲（1864-1912），在詩作〈春愁〉中寫下：「四百萬人同一哭，去年今日割臺灣」。

日本的侵略計畫大致可以分成北進與南進兩條路線：陸軍主張北進，占領中國東北及蒙古，故先侵略朝鮮半島，並於 1931 年出兵占領東北，日本傳統的工業財閥志在掠奪東北的煤、鐵及農產，三井、三菱等財團積極與陸軍合作，已有相當成果。日本海軍為新興軍種，亟欲往東南亞等地發展，這種「南進政策」受到以石化產業為主的「新興財團」支持，志在東南亞地區的石油與林業資源。

1895 年，日本占領臺灣之後，除了先穩定其統治外，也開始了各種「南支、南洋」調查，並在臺灣興建通往南洋的港口，要將臺灣建設成「帝國南進的跳板」。1930 年代，日本趁著西方世界受到「經濟大蕭條」（Great Depression）衝擊之際，迅速在東亞地區發展。到了 1935 年代，日本國內已經有許多人躍躍欲試，認為實現其「大東亞」霸主美夢的時機已經到來。1937 年，中日戰爭爆發正是這種擴張思想的具體行動。

19 世紀末以來，美國在東亞的外交態度一向是保持中立，以維護自身利益。1908 年，日俄戰爭之後，美國便與日本簽訂《高平—魯特協議》（*Root-Takahira Agreement*），維持其在東亞的利益。第一次世界大戰時，美國又於 1917 年與日本簽訂《藍辛—石井協議》（*Lansing–Ishii Agreement*），換取日本合作，此亦為日本占領山東的重要張本。一直到 1930 年代，美國仍然維持這樣的外交政策。例如 1933 年，美國與中國簽定《小麥棉花貸款》（*Wheat and Cotton Loan*），契約規定中國須將貸款全數購買美國之小麥、棉花，獲利最大的卻是美國商人。1934 年，羅斯福（Franklin D. Roosevelt, 1882-1945）總統簽署《購銀法》（*Silver Purchase Act*），使中國經濟受到相當程度影響。

中日戰爭爆發之際，歐美各國並未明白表示對時局的看法，直到日本在華軍隊針對英美在華人員發動幾次攻擊後[2]，英、美兩國才稍存戒心。

---

2 1936 年，許閣森（Hughe Knatchbull-Hugessen, 1886-1971）出任英國駐華大使，1937 年 8 月 26 日，許閣森從南京前往上海途中，座車遭日軍攻擊，許閣森身受重傷，英國政府提出強烈抗議，日本乃道歉了事。1937 年 12 月 11 日，日本攻陷南京後，英國自南京撤

1937 年 12 月，日軍攻擊帕奈號砲艇（USS *Panay*）後，美國國內開始掀起反對日本的輿論，也因擔心日本進一步擴張，美國、英國與法國開始考慮對華貸款，讓中國可以購買這幾個國家的軍備。澳洲政府則阻止一項日本購買澳洲煤礦的交易，甚至於從 1938 年以後禁止澳洲鐵砂銷往日本。但此時英國政府並未有具體行動，甚至在 1939 年 7 月還授權其駐日大使與日本簽訂協議，承認日本在華擴張行動。美國政府則延長一項與日本的貿易協定，日本得以購買美國的卡車，交由關東軍使用。此外，美國還向日本出售生產飛機的各種工具設備及各種戰略物資如鋼、廢鐵及石油。當時，日本是美國第三大出口對象，主要出口內容包括自動生產設備、鋼鐵、石油、銅等，甚至出售飛機用的炸彈等。1936 至 1937 年間，日本不斷侵略中國的同時，美國對日本出口的軍事物資增加 124%。對日本而言，其所需的各種戰略物資中，41.6% 的生鐵、59.7% 的廢鐵、91.2% 的汽車及其零件都是來自美國。

中日戰爭爆發之後，荷蘭東印度公司、英國及美國仍是日本所需軍用品的主要來源（7.4% 來自荷蘭、17.5% 來自英國，54.4% 來自美國），到 1939 年 9 月時，美國石油公司仍然與日本簽約，出售 300 萬桶石油給日本海軍。

1935 年起，日本已開始計畫向東南亞地區擴張，荷蘭控制的荷屬東印度群島（Dutch East Indies），更因其天然資源蘊藏極豐，成為日本覬覦的對象。1940 年代，日本又將其眼光瞄準中南半島、馬來亞及菲律賓等地，推出「大東亞共榮圈」的概念。

日本大東亞共榮的概念經過幾次轉折，19 世紀中，日本原本自以為開化，堪與歐洲「文明國家」比肩，而不屑與亞洲人為伍，福澤諭吉（1835-1901）便提出「脫亞入歐」的說法，頗為時人認同。當日本發展出「帝國生

僑的商船遭日軍砲擊。12 日，其在長江中巡弋的砲艦瓢蟲號又遭日軍火砲攻擊；美國在長江中的砲艦帕奈號及其他商船也不能倖免。儘管過程中帕奈號升起多面美國國旗，日軍飛機依舊對船隊發動攻擊。最終帕奈號遭擊沉，商船受損，日本賠款道歉了事。史稱「帕奈號事件」（USS *Panay* incident）。

命線」理論時，又認為中國落後，必須改變中國，否則中國會拖累日本。1938 年，日本因為侵華行動的進展未如預期，對日本有損無益，亟望儘快解決，日本首相近衛文麿（1891-1945）乃於 11 月發表聲明，呼籲「中、日、滿提攜」以建立「大東亞新秩序」，要東亞及東南亞地區在日本領導下，建立「共存共榮的新秩序」。

　　1940 年 8 月，近衛文麿明白提出「大東亞共榮圈」，大日本帝國應與中國、中南半島、暹羅、印度（含緬甸）、馬來亞、婆羅洲、荷屬東印度群島、澳大利亞、紐西蘭等大洋洲地區與西伯利亞東部合作組織「大東亞共榮圈」。在這個理念裡，中、日、滿為「經濟共同體」，東南亞地區為「資源供給地區」，南太平洋則為「國防圈」，太平洋戰爭便是這種理念的具體化手段，此時日本軍隊已經前進到臺灣、海南及中南半島等地。

　　至此，列強警覺必須壓制日本，因此開始實施禁運，不准石油、鐵砂及鋼鐵銷往日本。

　　日本視這項「禁運」為挑戰，威脅日本生存，因此日本軍方為獲得公共輿論支持戰爭，提出「ABCD 包圍圈」（American-British-Chinese-Dutch encirclement 或 ABCD line）的說法，並積極尋求突破。日本政府認為：若不主動出擊，日本經濟即將崩潰，遲至 1941 年春，日本已經計畫開戰。

二、南進政策

　　1936 年 11 月，日、德兩國簽訂《反共產國際協定》（*Antikominternpakt*），主張：締約國互通關於共產國際活動的情報，並緊密合作。德國原本計畫與日本共同出兵，夾擊俄國，為此，日本陸軍第 23 師團於 1938 年 7 月進駐海拉爾，隨即在滿、俄與朝鮮交界與俄國支持的外蒙古軍隊發生武裝邊界衝突，此事件雖迅速平息，但俄軍已有警覺，並自 10 月起加強對蒙古東部和南部防禦，日本也私下增兵。1939 年 4 月，關東軍準備發動軍事行動，計畫進攻蘇聯，以實現《反共產國際協定》的約定，乃有 1939 年 5 月間的「諾門罕事件」。此事雖肇因於「滿洲國」與「蒙古國」兩國在諾門罕

（Nomonhan）的邊界衝突，但實際是雙方背後的日、俄戰爭，兩國甚至派出正規部隊參戰。關東軍小松原師團騎兵聯隊指揮士兵，出動 5 架轟炸機，攻擊蒙古軍隊，蘇聯政府乃依據《蘇蒙友好合作互助條約》介入，經過激戰後，暫時停火。此時，俄軍不斷增兵，調用大批車輛與物資，而日軍顯然低估俄國軍隊戰力，認為仍可以像 1904 年日俄戰爭一樣，擊潰俄國軍隊。6 月間，戰事再度爆發，日本關東軍第 7 師團及第 23 師團被圍，日軍僅能突圍求生。諾門罕戰役被定性為「滿、蒙」邊界衝突，日、俄並未「參戰」，更沒有宣戰。

諾門罕事件之後，德國眼見日本不可恃，故於 1939 年與俄國簽訂《德蘇互不侵犯條約》，取得俄國中立的默契，隨即攻擊波蘭，拉開歐洲大戰的序幕。日本則明確體認俄國軍力遠高於其預估，想要推動「北進政策」，有實際困難，乃效法德國，於 1941 年與俄國簽訂《日蘇中立條約》，並轉向「南進」。

海軍為日本遂行南進政策的主要決定因素，早在 1930 年春，日本海軍發展就受到國際條約的限制。英、美、日、法、義五個《華盛頓海軍條約》締約國於 1930 年在倫敦簽訂《倫敦海軍條約》，延續華盛頓海軍裁減會議的概念，停止海軍軍備競賽，限制主力艦數目及噸位。1936 年，《倫敦海軍條約》到期，日本不願續約，退出《第二次倫敦海軍條約》，並加速建造航空母艦。此時，日本建造的翔鶴級航空母艦的主要設計目標，便是要能攻擊美國夏威夷珍珠港海軍基地，在此同時，日本海軍也改造多艘航空母艦，到 1941 年時，日本在太平洋海域的航空母艦數量，已經超過英、美兩國，實力可謂堅強。當「北進」受阻時，「南進政策」自然甚囂塵上。

三、日本執行南進政策

中國方面，侵華日軍於 1938 年 10 月下旬占領武漢，並先已南下進占廣州，計畫切斷中國的海外補給路線。為此，日軍著手準備攻占海南島、汕頭、江門及九龍以北的深圳等地區，成功封鎖中國海疆。日軍更進一步計畫

在海南興建軍港與機場，使海南島成為其向東南亞擴張的中繼站。1938 年底，大量日軍已經集結在中國東南沿海，1939 年 7 月中，日軍已占領了海南島大部分地區，接著便計畫進軍中南半島，尤以占領越南為首要。

1941 年 7 月，日軍進駐越南南部，在西貢建設航空基地、海軍基地與陸軍之運輸基地，可以直接威脅英屬馬來亞及荷屬東印度群島。當時荷蘭已經為德國攻陷，流亡政府能力也相當有限。

四、日本計畫對美國作戰

1941 年，美、英兩國第一次對日本的侵略行徑採取抵制措施，凍結了日本在美、英的資產。日本已經決定對英、美宣戰，並擬定作戰計畫：突襲美國駐於菲律賓及夏威夷的艦隊，以摧毀美軍在太平洋地區的作戰能力；攻擊英國遠東艦隊，以取得東南亞地區的天然資源，並建構絕對國防圈。

日本軍方認為：航空母艦是海戰勝利的關鍵，而且日本的工業能力無法與美國匹敵，故戰勝的關鍵在於速戰速決，不能打消耗戰，否則日本必敗。

1941 年 10 月，東條英機（1884-1948）接任日本首相，積極準備對美、英等國開戰，當時日軍在亞洲的兵力不容小覷，包括 700 架陸軍飛機，480 架海軍飛機，10 艘航空母艦，並有約 11 個師團的機動兵力。且這些軍隊已經在中國戰場久經歷練，實戰能力明顯優於英、美等國。

五、太平洋戰爭爆發

當日本確定開戰方針後，便計畫採取致命一擊，先癱瘓美國海軍。1941 年 12 月 8 日（夏威夷當地時間 7 日），日軍的 6 艘航空母艦配備 400 多架飛機發動空襲美國太平洋基地，是為「珍珠港事變」。此次突襲相當成功，重創多艘美軍戰艦，延緩美國海軍在太平洋的作戰能力，使其至少 3 個月內無法有效集結艦隊，阻擋日軍入侵東南亞的行動。

次日，美國正式對日宣戰，太平洋戰爭爆發。美軍太平洋艦隊主力艦隻

雖幾乎全被摧毀，不過美國航空母艦及夏威夷基地並未受損，在國內強大工業能力加持下，1942 年 4 月時，其海軍便已經可以與日軍正面交戰。同時，為有效阻止日軍繼續南進，美國通過滇緬公路輸送對華軍援物資，裝備中國軍隊，利用中國豐富的人力和資源最大限度拖住和消耗日軍，減輕太平洋艦隊作戰壓力。

六、日軍在東南亞的行動

日本軍方早已制訂好南方作戰計畫。珍珠港事變同時，日本在東南亞的軍隊也兵分三路，半年之內，日軍勢如破竹的占領馬來半島、香港、新加坡、緬甸及荷屬東印度群島。

首先是 1941 年 12 月 8 日淩晨，日本陸軍同時在英屬馬來半島發動登陸戰，並以極快的速度攻破英軍防線。英軍撤退到新加坡，日軍僅以極小代價便占領馬來半島劍指新加坡。同日早晨，在中國的日本軍隊進入上海、天津、鼓浪嶼、廣州等列強在華租界，堂皇占領。

1941 年 12 月，日軍組建第 15 軍，轄第 33、第 55 師團，先從陸路入侵泰國。泰國停止抵抗，並與日本簽署同盟條約，允許日軍進駐泰國，以進攻緬甸。12 月 15 日，日軍宇野支隊已經占領緬甸南境。為此，英國乃向中國求助，於 1941 年 12 月 23 日，在重慶簽署《中英共同防禦滇緬路協定》，要求中國支援在緬甸的英軍。而蔣中正（1887-1975）為保衛西南大後方，並維持境外補給線的暢通，迅速組建中國遠征軍。

1942 年 1 月初，日軍第 55 師團第 112 聯隊越過泰緬邊境，占領緬甸土瓦（Tavoy），1 月 20 日，第 15 軍主力揮軍毛淡棉（Mawlamyine），並未遇到太大抵抗。1 月 30 日，日軍已經進入毛淡棉，隨即北上。此時，英屬印度陸軍第 17 印度師駐紮在緬甸東部，但戰力不足，無法抵抗日軍。2 月 15 日，日本更抽調攻下馬來亞的日軍協同作戰，指向緬甸，迅速於 3 月 8 日占領緬甸仰光（Rangoon）。

日軍主力隨即北上，欲切斷滇緬公路進一步攻略英屬印度，緬甸最大產

油基地仁安羌（Yenangyaung）[3] 及中部重鎮曼德勒（Mandalay）首當其衝。英軍難以抵禦只得向中國求助。中國遠征軍約 10 萬人，即開向緬甸，緬甸遂成為第二次世界大戰東南亞地區主戰場。

3　本書將 Yenangyaung 統一譯為「仁安羌」，在部分一手史料或二手研究當中，或有譯為「燕南羌」、「彥南揚」、「葉南陽」，如為引用資料，則從其原文不作調整，另加標說明。

第二章
遠征軍入緬作戰

一、中國遠征軍組建由來

（一）興築滇緬公路

　　1886 年起，英國實際控制緬甸，也控制了當地豐富的天然資源，包括：寶石、天然氣、石油、橡膠、錫礦及豐富的農產品，這些天然資源正是日本計畫奪取緬甸的重要動機。從 1938 年起，滇緬公路是中國最重要的對外聯絡道路，日本更希望占領緬甸，切斷中國的對外交通命脈「滇緬公路」，迫使中國投降。

　　蔣中正在 1936 年起，便有遷都重慶，以西南為大後方的長期抗戰計畫，也因此，必須確保交通路線暢通，故從 1937 年便計畫興建公路，通往中南半島。1937 年 10 月，中國政府確定了滇緬公路修築計畫：昆明經下關、保山、龍陵、芒市、畹町出境，抵達緬甸臘戌（Lashio）並在此連接緬甸的中央鐵路，由曼德勒至仰光出海。

　　盧溝橋事變爆發後，日軍幾乎以迅雷不及掩耳的速度，席捲中國華北、華東、華南地區，中國僅剩香港和中南半島的海防等港口可以轉運。蔣中正也清楚，香港與海防的陷落也是彈指之間，故修築通往印度洋的公路勢在必行。1937 年底，中國政府決定自行以最簡單的工法，儘速修建這條公路，隨即成立「滇緬公路總工程處」，負責修建工程。由於計畫路線沿線的青年男子幾乎均已從軍或投入各種生產工作，故參與築路者多為老人與婦女，以

手工作業。1938 年 11 月，滇緬公路已經初步通車。滇緬公路的經濟效益恢弘，通車初期，每月有 4,000 噸物資從滇緬公路進入中國，此後，運量不斷提升。

（二）滇緬公路封閉與重啟

1940 年 6 月，法國戰敗向德國投降，日本與德國的傀儡政權維琪法國簽署協定，9 月派兵進駐法國在中南半島的殖民地，封鎖滇越鐵路。在此同時，日本也陳兵香港邊界，要求英國政府封閉滇緬公路在緬甸境內的路段，並於 1940 年 7 月 7 日下達最後通牒。1940 年 7 月 10 日，邱吉爾（Winston Churchill, 1874-1965）接受日本脅迫，與日本簽訂《英日關於封閉滇緬公路的協定》及祕密備忘錄，換約後，英國封閉了中緬的公路交通。至此，中國對外僅能經由俄國繞道。但當日、德、義三國於 1940 年 9 月簽訂《三國同盟條約》後，英國才以「已經對德宣戰，而日本為其敵國的盟國為由」調整政策，於 1940 年 10 月底重新開放滇緬公路。

（三）英政府請求中國援助

珍珠港事變爆發後，美國總統羅斯福在 12 月 8 日即向美國國會說明：無論要花多少時間去對付日本侵略，美國終究會獲得全面勝利，並請求國會宣布對日「處於戰爭狀態」。美國並聯絡其盟邦，包括加拿大、英國、澳洲、紐西蘭、南非及拉丁美洲幾個國家，一起對日本及軸心國其他成員宣戰。中國也同時（中國時區為 12 月 9 日）正式向德國、日本和義大利宣戰。日本的主要盟邦德國與義大利，則於珍珠港事變發生 4 天後（12 月 11 日）向美國宣戰。

但英國駐紮在東南亞地區的軍隊立刻遭到日本猛攻，各地紛紛告急。英國此時的主要戰場在中東、東非和北非，面對德國與義大利的攻擊，已經分身乏術，而其參戰的盟邦澳洲與紐西蘭的軍隊能力也相當有限：澳洲陸軍主要參加北非與歐洲戰役，對抗義大利和德國；紐西蘭軍隊人數有限，原本也

在歐洲戰場作戰，這兩國的軍隊到太平洋戰爭爆發後，才轉赴東南亞戰場，力量都十分有限。因此，英國政府只得向中國提出「軍事同盟」的請求，希望中國派軍協助英國在緬甸作戰的軍隊。當然，這個軍事同盟計畫也經過一定的醞釀與思考，1941 年時，英國政府眼見歐洲戰場已經牽制大部分英軍，勢難兼顧亞洲，為求萬全計，曾於 1941 年春邀請中國組織軍事考察團，前往緬甸、印度、馬來亞等地考察，討論軍事合作之可能。

1941 年底，英國政府見勢不可為，為請求中國出兵，協助英軍防守緬甸，乃與中國訂立軍事同盟。1941 年 12 月 23 日，中、英兩國在重慶簽署《中英共同防禦滇緬路協定》，中英軍事同盟形成。中國隨即根據協議內容，組織「中國遠征軍」，除了「支援友邦」之外，中國的重要考量仍是力圖確保滇緬公路及緬甸中央鐵路及仰光港，維護交通運輸暢通。當英國政府提出請求時，蔣中正立即同意並組織了 3 個軍的兵力，預備入緬作戰。英國反而對中國熱心派遣軍隊一事心存顧慮，一方面並不認為日本軍事行動會如此迅速，又擔心中國行動會影響英國的殖民統治，當中國遠征軍第 5 軍入緬先行部隊迅速抵達中緬邊界時，英軍委拒國軍入境，部隊只能止於保山。

（四）遠征軍入緬作戰

1942 年 1 月初，日軍已順利攻占東南亞各地，並揮軍北上，取道進攻緬甸南部，而中國遠征軍第 6 軍也抵達滇緬邊境時，英方仍拒絕遠征軍立即入緬。遠征軍在雲南境內停留 1 個多月後，英國政府弄清楚日本兵力約為 6 萬人，遠超英國駐軍的兵力，3 月 8 日，日軍占領仰光，英國政府才正式同意中國軍隊開入緬甸。

臺灣國防部史政編譯局抗戰史料中記載了中國入緬遠征軍的組成及入緬曲折經過。在太平洋戰爭爆發後，時任軍事委員會委員長蔣中正為牽制日軍，策應盟軍作戰，指調第 5、第 6 及第 66 軍由四川、廣西向雲南方面集中，準備隨時進入緬甸，協同盟軍作戰。後更令第 5 軍在雲南祥雲、大理、保山集中；第 6 軍向保山、芒市集結，並正式編成中國遠征軍。

12 月 23 日，在重慶召開的中、英、美三國最高參謀會議中，駐印、緬英軍統帥魏菲爾（Archibald P. Wavell, 1883-1950）要求中國遠征軍暫緩入緬，因此我遠征軍編成之後，只得停止前進，在滇緬路上待命。

直至仰光危殆，英方才送電我軍入緬協助英軍作戰。當時中國入緬遠征軍是以第 5 軍由滇西進入緬甸同古（Toungoo）及以南地區；第 6 軍循泰、緬邊境前進；稍後編入遠征軍序列的第 66 軍則進駐臘戍、曼德勒。遠征軍由羅卓英（1896-1961）任司令長官，第 5 軍軍長杜聿明（1904-1981）轄余韶（1891-1962）第 96 師、戴安瀾（1904-1942）第 200 師、廖耀湘（1906-1968）新編第 22 師；第 6 軍由甘麗初（1901-1950）領軍，所部有彭璧生（1904-1983）第 49 師、呂國銓（1903-1983）第 93 師、陳勉吾（1895-1948）暫編第 55 師；第 66 軍以張軫（1894-1981）領軍，下轄劉伯龍（1899-1949）新編第 28 師、馬維驥（1904-?）新編第 29 師及孫立人（1900-1990）新編第 38 師。

（五）從稅警團到遠征軍

新 38 師前身為財政部稅警總團，原為緝拿走私鹽販之緝私隊伍，「八一三」淞滬會戰後在長沙重新組建，名為緝私實則按照正規部隊模式嚴格訓練，武漢會戰後，奉令由湘入黔，駐防於都勻與獨山之間繼續以作戰為目標練兵。

奉命加入入緬遠征軍由來，據師長孫立人回憶，當時財政部成立緝私署，由戴笠（1897-1946）兼任該署署長，稅警總團將撥歸其指揮。[1] 為避免部隊被戴笠兼併，孫立人便赴重慶尋求出路。適逢英方迫切要求馳援，國民政府乃將稅警總團（按：原轄 6 團）之第 2、第 3、第 4 團拆分改編成第 66

---

1 轉引自沈克勤編著，《孫立人傳》，上冊（臺北：臺灣學生書局，2005 年），頁 128。2012 年時任中央研究院近代史研究所所長黃克武表示，孫立人資料散失不全，且相關資料有爭議，決定不出版孫立人回憶錄。參見林進修〈中研院：不出孫立人回憶錄〉，《聯合晚報》，2012 年 9 月 17 日，A7 版。本文引用孫立人回憶，均由其他著作所轉引。

軍新編第 38 師，原稅警總團團部人員及其直屬部隊編為師部人員及該師直屬部隊，師長由該總團長孫立人接任，送往緬甸作戰。[2] 第 66 軍軍長張軫則指出：「以新成立的第 66 軍參加遠征軍，是應付英美兩國，實際上也就是把第 66 軍作為犧牲品。」[3] 沒想到新 38 師這支本是「應卯」及「犧牲」的中國軍隊，而其第 113 團卻於入緬未久，即締造了震驚中外的「仁安羌大捷」。

新 38 師於 1942 年 3 月 11 日到達貴州興義，並於次日舉行誓師典禮，此後經過近半個月行軍，終於到達昆明西南的安寧縣向第 66 軍報到，並於 28 日開拔入緬。4 月 5 日全師到達臘戍，留下一營兵力警戒臘戍機場，於 4 月 10 日進駐曼德勒，奉蔣委員長面諭衛戍曼城。[4] 並奉遠征軍司令長官羅卓英命令，歸第 5 軍軍長杜聿明指揮，參加作戰。[5]

二、仁安羌解圍作戰

（一）中英日三方態勢

緬甸戰局由於英方私心致使中國軍隊入緬時已失先機。日軍原擬以兩個師團攻陷緬甸，在 1942 年 2 月 15 日攻下新加坡後，可資派遣的兵力大增。飯田祥二郎（1888-1980）中將率領的第 15 軍擴編後已轄第 33 師團三聯隊、第 18 師團三聯隊、第 55 師團二聯隊、第 56 師團三聯隊；其中第 33 師團奉命沿伊洛瓦底江（Irrawaddy River）谷地北進普羅美（Prome）及仁安羌，第 55 師團循仰光至曼德勒鐵路北進至曼德勒以南的密鐵拉

2　徐康明，《中緬印戰場抗日戰爭史》（北京：解放軍出版社，2007 年），頁 110。

3　張軫，〈入緬抗戰二十天〉，收入全中國人民政治協商會議全國委員會文史資料研究委員會《遠征印緬抗戰》編審組編，《原國民黨將領抗日戰爭親歷記：遠征印緬抗戰》（北京：中國文史出版社，1990 年），頁 286。

4　〈第六十六軍新編第三十八師緬甸戰役戰鬥詳報〉，收入中國第二歷史檔案館編，《滇緬抗戰檔案》，上冊（北京：中國文史出版社，2019 年），頁 225。

5　〈第五軍緬甸戰役戰鬥詳報〉，收入中國第二歷史檔案館編，《滇緬抗戰檔案》，上冊（北京：中國文史出版社，2019 年），頁 102。

（Meiktila），第 56 師團則由稍東的棠吉（Taunggyi）向北推進，第 18 師團於錫唐（Sittaung）谷地為預備隊。依日本防衛省防衛研修所戰史室編纂的《緬甸攻略作戰》所錄「第十五軍作戰要領（案）」，第 15 軍應「隨著對仰光之占領，儘速占領仁安羌附近油田及曼德勒附近要域，若狀況許可，伺機設法占領阿恰布〔Akyab〕附近」，[6] 以達「切斷援華路線，並掃除英國於緬甸之勢力，占領及確保緬甸之要域」之作戰目的。[7]

　　日軍占領仰光、同古後，繼續分兵三路北犯，盟軍亦分三路迎敵。遠征軍司令部遵照重慶國民政府軍事委員會指示，「集中主力於平滿納戰場，準備與敵作第一次之會戰。會戰不利，再在曼德勒準備與敵作最後之決戰。」[8] 杜聿明遂以第 5 軍居中路正面迎敵，第 6 軍負責左翼作戰，右翼伊洛瓦底江沿線則交予英軍守備，曼德勒新 38 師作為會戰總預備隊。

　　緬甸戰區總司令亞歷山大（Harold Alexander, 1891-1969）將軍則在回憶錄 *The Alexander Memoirs, 1940-1945* 中指出：3 月 5 日他奉令抵仰光時，發現大勢已去，無法力挽狂瀾。當時英方在緬甸有兩個步兵師，其中英印軍第 17 師在 2 月底的錫唐橋作戰（Battle of Sittaung Bridge）中已折損一旅，所擁戰砲亦多在渡河撤退時流失，部隊只能在仰光以北 50 英里外的勃固（Bago）勉強防守，與在同古的英緬軍第 1 師間相隔 125 英里，而日軍在這兩師英軍僅有的部隊間不斷滲透。[9]

　　在這種情勢下，亞歷山大指出：「由於兵力分散而且半數被包圍，保守仰光事實上已不可能，在我抵達次日，即下令撤退。」他的著眼點在「棄守

6　日本防衛廳防衛研修所戰史室編，曾清貴譯，《緬甸攻略作戰》，日軍對華作戰紀要叢書（44）（臺北：國防部史政編譯局，1997 年），頁 107。

7　日本防衛廳防衛研修所戰史室編，曾清貴譯，《緬甸攻略作戰》，日軍對華作戰紀要叢書（44）（臺北：國防部史政編譯局，1997 年），頁 106。

8　〈第五軍緬甸戰役戰鬥詳報〉，收入中國第二歷史檔案館編，《滇緬抗戰檔案》，上冊（北京：中國文史出版社，2019 年），頁 86。

9　Harold Alexander, ed. John North, *The Alexander Memoirs, 1940-1945* (New York: McGraw-Hill, 1962), pp. 92-97.

仰光，保存軍力」。[10]

　　英軍自仰光撤退後被日軍一路追擊，亞歷山大將總部遷往緬北的眉苗（Maymyo），並由於自己身為緬甸戰區總司令而無力兼顧指揮緬甸英軍作戰任務，因而將領導緬甸英軍的指揮重任委託新調來的斯利姆（William J. Slim, 1891-1970）中將。

滇緬路作戰中英聯軍作戰指揮系統表
（一九四二年二月九日）

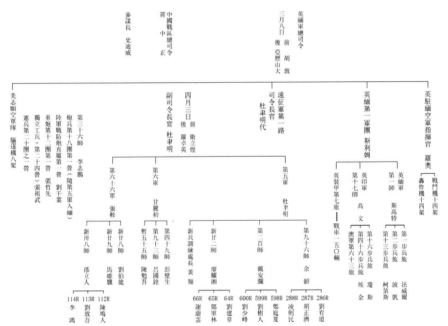

圖1：滇緬路作戰中英聯軍作戰指揮系統表

資料來源：劉偉民製。整理自國防部史政編譯局編，《抗日戰史：滇緬路之作戰》（臺北：國防部史政編譯局，1982年，再版），第四篇第二十六章第二節插表第二其一。原插表部分標示有誤，現將「一二二團團長陳鳴仁」調整為「一一二團團長陳鳴人」；一一三團團長「劉效武」調整為一一三團團長「劉放吾」。

10　Harold Alexander, ed. John North, *The Alexander Memoirs, 1940-1945* (New York: McGraw-Hill, 1962), p. 92.

斯利姆受命後於 3 月 15 日在普羅美開始整編英、緬、印三軍組成的緬甸軍團（Burma Corps），斯利姆任軍團長。按亞歷山大回憶錄記載，斯利姆所部包括由斯高特（James B. Scott, 1892-1974）少將率領的英緬軍第 1 師及高文（David T. Cowan, 1896-1983）少將指揮的英印軍第 17 師各 3 個旅，加上補充的第 7 裝甲旅，[11] 所轄兵力為 2 個步兵師 1 個裝甲旅，等同國軍的軍級部隊，以下稱斯利姆為軍長。（圖 1）

日軍先於 3 月 21、22 兩日大舉轟炸馬格威（Magway）機場，使英空軍支援偵查及掩護緬甸軍作戰的能力癱瘓；4 月 1 日，西線負責奪取仁安羌油田之日軍第 33 師團推進至普羅美，迫使緬甸軍北移至阿蘭廟（Allanmyo）；4 月 10 日，日軍再向北推進，緬甸軍不得不分兩路北撤至仁安羌以南的馬格威（英緬軍第 1 師）、東敦枝（Taungdwingyi，英印軍第 17 師）一線，油田爭奪戰已迫在眉睫。

（二）英軍遭困

中國遠征軍第 1 路副司令長官兼第 5 軍軍長杜聿明在〈中國遠征軍入緬對日作戰述略〉中描述英軍當時情況：「英軍無鬥志，一經與敵接觸即行潰退，4 月 1 日放棄普羅美，6 日放棄阿蘭廟，以後逐日撤退不停。4 月 13 日，英軍要求中國軍隊在英軍方面的沙斯瓦、唐德文伊〔東敦枝〕、馬格威接防，掩護英軍撤退，這等於全部向我交防，而毫未提及英軍以後的任務。到 17 日，英軍在仁安羌的一師及裝甲旅約 7,000 餘人，被敵一個大隊包圍，實為戰史中的最大笑話。」[12]

英軍兵敗如山倒是事實，但實施圍困的日軍卻並非只有一個大隊。日

11　Harold Alexander, ed. John North, *The Alexander Memoirs, 1940-1945* (New York: McGraw-Hill, 1962), p. 100.

12　杜聿明，〈中國遠征軍入緬對日作戰述略〉，收入中國人民政治協商會議全國委員會文史資料研究委員會《遠征印緬抗戰》編審組編，《原國民黨將領抗日戰爭親歷記：遠征印緬抗戰》（北京：中國文史出版社，1990 年），頁 23-24。

軍第 33 師團師團長櫻井省三（桜井省三，1889-1985）為執行奪取仁安羌
計畫，律定師團各部隊（轄 3 個步兵聯隊各增配山砲、工兵、高射砲、速射
砲、輕裝甲車隊、衛生隊等）於 4 月 9 日日沒後，自阿蘭廟之線，向北推
進。其中步兵第 214 聯隊（欠第 1 大隊）由聯隊長作間喬宜（1894-1966）
率領，為「超越追擊部隊」負責迂迴奇襲攻占仁安羌，並切斷封堵英緬軍退
路，配合追擊之師團主力實施南北夾擊戰術圍殲英軍。[13]

　　4 月 15 日下午 1 時，斯利姆預判形勢不利下令破壞仁安羌油田，次日
午後完成破壞作業後將其軍部北撤至歸約（Gwegyo）。日軍完整占領油田的
企圖破滅，但向仁安羌推進的行動卻未停頓。而馬格威方面的斯高特英緬軍
第 1 師一方面因持續撤退疲憊不堪，另一方面奉斯利姆指示減緩撤退行動
以待中國軍隊配合作戰，因而決定 15 日暫緩北撤。斯高特這一決定使迂迴
的作間聯隊得以超越英緬軍第 1 師，於 4 月 16 日深夜趕至突襲英方後勤車
隊，在仁安羌北面、賓河（Pinchaung River）[14] 南岸的敦貢（Twingon）建立
路障，並越河在賓河北岸設點封鎖。由於部隊撤退通常「後勤先行」，當英
軍退路被截斷時，後勤部隊已經渡河北上。造成被圍英軍補給中斷，陷於糧
彈俱盡、飲水絕源的苦境，危急萬分。[15]

　　仁安羌附近地形高低起伏，錯綜複雜，由於侵蝕作用形成之地隙變成斷
崖，成為天然反戰車壕，戰車越野受到限制，輪型車輛離開道路通行困難，
對日軍的反戰車戰鬥則為絕佳地形。[16] 英緬軍第 1 師雖占兵力優勢並有戰車
支援，但一路受日軍陸、空攻擊，傷亡增加，人員疲憊戰力急遽下降。加以
補給中斷，天氣酷熱，乾旱缺水，地形又限制戰車的運用，遂為日軍所困。

13　日本防衛廳防衛研修所戰史室編，曾清貴譯，《緬甸攻略作戰》，日軍對華作戰紀要叢書
　　（44）（臺北：國防部史政編譯局，1997 年），頁 503-504。
14　本書將 Pinchaung River 統一譯為「賓河」，在部分一手史料或二手研究當中，或有譯為
　　「拼牆河」、「平墙河」，如為引用資料，則從其原文不作調整，另加標說明。
15　國防部史政編譯局編，《抗日戰史：滇緬路之作戰》（臺北：國防部史政編譯局，1982
　　年，再版），頁 67。
16　日本防衛廳防衛研修所戰史室編，曾清貴譯，《緬甸攻略作戰》，日軍對華作戰紀要叢書
　　（44）（臺北：國防部史政編譯局，1997 年），頁 508-509。

（三）劉放吾臨危受命

此前由於右翼英軍節節敗退影響平滿納第 5 軍防線，羅卓英為掩護第 5 軍側背，並應亞歷山大請求，於 4 月 14 日下午 5 時命駐曼德勒作總預備隊之新 38 師師長孫立人，派一團兵力開赴歸約附近之喬克巴唐（Kyaukpadaung）[17] 增援英軍。第 113 團團長劉放吾（1899-1994）在接到命令後立刻率部出發，於 16 日午後 4 時趕到目的地布防。

17 日一早，斯利姆聽說中國遠征軍第 113 團已抵達喬克巴唐，精神一振，立即驅車前往會晤。斯利姆在其回憶錄《反敗為勝》（Defeat into Victory）中描述了會見劉放吾團長並下達命令的情形：「我在喬克巴唐村裡一棟殘存的建築物樓上見到團長。他相當清瘦，方正的臉上透出剛毅，他佩戴一副野戰眼鏡及一把駁殼槍，我們通過英軍翻譯官介紹握手後，旋即攤開地圖言歸正傳。在敘述戰況之間，團長給我的印象是反應敏捷，他瞭解我要他率團立即搭乘已備妥的卡車，迅速開往賓河。我告訴他計畫於 18 日清晨渡河攻擊，以配合英緬軍第 1 師突圍。」[18]

斯利姆於 4 月 17 日上午 11 時簽字發出手令：「致第 113 團團長劉上校：茲派貴官率領貴團全部乘汽車至賓河地區，在該處你將與安提斯准將（Brigadier Anstice〔John H. Anstice, 1897-1970〕）會合，他將以所有戰車支援你的部隊。你的任務是攻擊並消滅賓河北岸約兩英里公路兩側之敵。W.J. Slim 中將。1942 年 4 月 17 日上午 11 時。」（圖 2）

17　本書將 Kyaukpadaung 統一譯為「喬克巴唐」，在部分一手史料或二手研究當中，或有譯為「克安克巴邦」、「喬克巴党」、「喬克巴當」、「喬克拍當」、「巧克拍當」，如為引用資料，從其原文，另加標說明。

18　William Slim, *Defeat into Victory* (London: Cassell and Company, Ltd., 1956), p. 63.

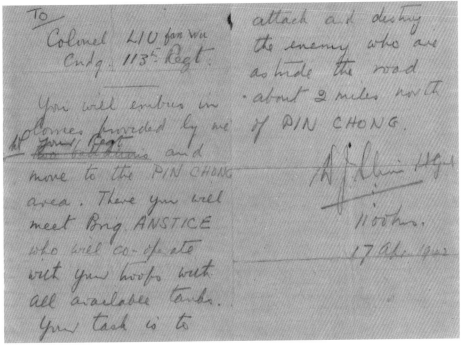

圖2：斯利姆面致劉放吾親筆手令

資料來源：劉偉民提供。

在解釋完情況及下達命令後，斯利姆要求立即行動。因第113團係奉命增援英軍駐防喬克巴唐，劉放吾表示若非經孫師長下令，他不能離開喬克巴唐，在堅持一個半小時直到與駐曼德勒師部聯絡確認後便馬上同意照辦。[19]

斯利姆在《反敗為勝》回憶錄描述：「他終於露出微笑，而且同意照辦。他為何改變主意我不得而知，猜測在我們對談間，進出房間的官兵已將消息送達孫將軍並獲肯定回音。」「他一旦付諸行動，我簡直無懈可擊。事實上，在往後的幾天裡，我非常的喜歡他。」[20]

其實，第113團受英方指揮，為亞歷山大、羅卓英與史迪威（Joseph W. Stilwell, 1883-1946）協議後，電蔣中正核定。第113團受命前往賓河執

19　William Slim, *Defeat into Victory* (London: Cassell and Company, Ltd., 1956), pp. 63-64.

20　William Slim, *Defeat into Victory* (London: Cassell and Company, Ltd., 1956), p. 64.

行任務，依程序團長劉放吾須向師部確認受英方指揮關係，師長孫立人也須向遠征軍司令長官羅卓英核備。

劉放吾在明確命令後，立即率領全團官兵搭乘英方派遣的車隊向賓河挺進，並派副團長曾琪隨同英軍戰車隊長先赴賓河北岸附近偵察敵情及地形，部隊於 4 月 17 日午後全部到達戰鬥地區。劉放吾召集團部參謀群及支援各部隊長召開作戰會議，依先赴賓河北岸附近偵察的副團長曾琪報告情況，研討策訂作戰計畫，將英軍配屬戰車 12 輛、火砲 3 門實施協同作戰編組，下達命令完成次日攻擊救援準備。

（四）第 113 團揚威異域締戰功

4 月 18 日晨，第 113 團 3 個營按團長劉放吾部署，第 1 營由營長楊振漢率領從公路左翼，第 2 營由營長魯廷甲率領沿公路右翼，以步戰砲協同發起進攻，第 3 營由營長張琦（1910-1942）率領作為預備隊。戰鬥即將展開之際，斯利姆由甫自曼德勒經瓢背（Pyawbwe）自行前來的師長孫立人陪同，到第 113 團的營、連各部視察劉放吾的部署。

在《反敗為勝》中，斯利姆記載道：「上校似乎窺出我的心意，他說：『到營部看看。』」在相當接近前線的營部，他經由孫將軍翻譯解釋連隊部署。「對軍隊的部署我相當滿意並準備後退之際，上校說：『我們再往連部走走。』」斯利姆大吃一驚：「我不確定在戰鬥即將開始的一刻，我該接近連部，但為了面子，雖然不情願，我還是涉水到達連指揮所。」斯利姆甫抵達指揮所，「攻擊的槍砲聲頓起，這些中國軍人沒有任何遲疑，根據他們利用地形的熟稔程度判斷，我認為很多人一定經過砲火的洗禮。日軍在中國部隊突破他們防線時反應很大，上校轉身看著我，我真擔心他會說要到排部去，所幸他未再提議，只望著我露齒而笑。只有優秀幹練的軍人，才能在槍林彈雨中面無懼色，露齒而笑。」[21] 斯利姆經由這次的視導，看出第 113 團是支訓

21　William Slim, *Defeat into Victory* (London: Cassell and Company, Ltd., 1956), pp. 66-67.

練嚴格、有作戰經驗的部隊，對團長在砲火下的勇敢沉著深具信心。

戰事很快全面展開，在英軍戰車跟砲兵協力下，劉放吾指揮第 113 團沿公路兩側攻擊賓河北岸第一道封鎖線的日軍。戰鬥至 12 時許，擊潰當面敵軍並乘勝攻擊，但攻抵河濱時受河道及地形限制為對岸敵軍所阻，無法渡河繼續進攻。此時困於南岸的英緬第 1 師以戰車開路強行突圍，但在日軍強力封鎖下數度突圍均無功而返。16 時半，師長斯高特電告斯利姆，部隊飲水斷絕精疲力竭，困難萬分勢將瓦解，請求中國軍隊繼續進攻速解被圍之苦。[22] 營救英軍的希望，已完全寄託在劉放吾及其指揮的國軍第 113 團身上。

午後，劉放吾召開作戰會議，聽取各營營長、戰車、砲兵隊長及各業管參謀檢討上午作戰經過，研擬次日行動方案，明晨再興攻擊。斯利姆與孫立人出席會議聽取報告，在討論行動方案時孫師長以戰術著眼，建議主攻自左翼發起，斯利姆則以左翼主攻被圍英軍易受砲火損害且撤退較難，裁定主攻在右。劉團長即按斯利姆決定，策訂明日攻擊計畫以救援英軍。

傍晚，日軍第 214 聯隊第 1 大隊由大隊長德重房夫率領自伊洛瓦底江水路歸建，作間聯隊長得到增援後信心大增。[23] 遂整頓戰線，集結兵力於敦貢村東北角鞏固防務，並部署德重大隊於明晨拂曉突進至英軍側背。[24] 再憑藉賓河南岸地形瞰制之利，構築陣地堅強固守嚴防中國軍隊，等待師團主力到達圍殲英軍。

4 月 19 日拂曉，第 113 團趁黑渡過賓河，劉放吾指揮第 1、第 2 兩營並列為第一線主攻於右，第 3 營為預備隊，撲向日軍陣地。此時戰鬥較之 18 日更為激烈，全團官兵憑藉平常精良的訓練與具有空優的日軍展開廝殺，將生死置之度外，旋即占領敵軍第一線陣地，逐漸進入山地，繼而對戰場的制

22　William Slim, *Defeat into Victory* (London: Cassell and Company, Ltd., 1956), p. 68.

23　日本防衛廳防衛研修所戰史室編，曾清貴譯，《緬甸攻略作戰》，日軍對華作戰紀要叢書（44）（臺北：國防部史政編譯局，1997 年），頁 509-510。

24　日本防衛廳防衛研修所戰史室編，曾清貴譯，《緬甸攻略作戰》，日軍對華作戰紀要叢書（44）（臺北：國防部史政編譯局，1997 年），頁 511。

高點 501 高地進行爭奪，雙方短兵相接一度陷入白刃戰，陣地三失三得。

　　被困英軍再度集中有限火力竭盡餘力發起攻擊配合突圍，但被日軍強力所阻，官兵精疲力竭傷亡慘重，仍然被圍堵著不能動彈。[25] 唯有等待國軍擊潰日軍打開封鎖，才能安全撤出。

　　作間聯隊長在南岸陣地面對中國軍隊強攻下，再增援一個中隊至該方面。[26] 劉放吾團長亦斷然使用預備隊第 3 營投入戰鬥，營長張琦戰死，激戰至午後 2 時許攻克控制整個戰場的南岸 501 高地，日軍傷亡枕藉，戰況轉為有利。3 時，劉放吾再指揮全團乘勝追擊攻破敦貢村日軍封鎖線，將油田區敵軍完全擊潰，救出 4 月 16 日夜間在賓河南北兩岸被俘英軍及油田區工作人員和眷屬約 500 餘人，包括美國傳教士、新聞記者等數人。隨後一面繼續肅清殘敵，一面占領要點掩護英緬第 1 師撤退。傍晚時分，被圍英軍全部約 7,500 人（含先前救出的 500 人）趕在日軍主力合圍之前均獲解救，經由第 113 團東側，向賓河北岸陸續安全退出。[27]

　　整個仁安羌解圍戰，劉放吾團長指揮所部第 113 團以不足一團僅 800 餘人之兵力，擊潰優勢兵力之日軍，擊斃日軍數百名，另俘虜日軍 3 名，擄獲敵旗幟武器彈藥等甚多。（圖 3）救出被圍數日之英軍 7,000 餘人，另有被俘、被困之官兵、英美新聞記者、傳教士和英軍眷屬等 500 餘人均亦安全脫險，並奪回被敵軍擄去之英方輜重、馬匹及汽車百餘輛，均悉數交還英方，締造震驚中外之仁安羌大捷，實為我遠征軍入緬作戰史上最光榮之一頁。

25　William Slim, *Defeat into Victory* (London: Cassell and Company, Ltd., 1956), p. 70.

26　日本防衛廳防衛研修所戰史室編，曾清貴譯，《緬甸攻略作戰》，日軍對華作戰紀要叢書（44）（臺北：國防部史政編譯局，1997 年），頁 511。

27　「第一次燕南羌戰鬥詳報（自四月十六日至二十一日由燕南羌至貴酉）」，〈新編第三十八師緬甸戰役戰鬥詳報〉，《國防部史政局和戰史編纂委員會》，中國第二歷史檔案館藏，檔號：787-11655，頁 29-30；國防部史政編譯局編，《抗日戰史：滇緬路之作戰》（臺北：國防部史政編譯局，1982 年，再版），頁 70。

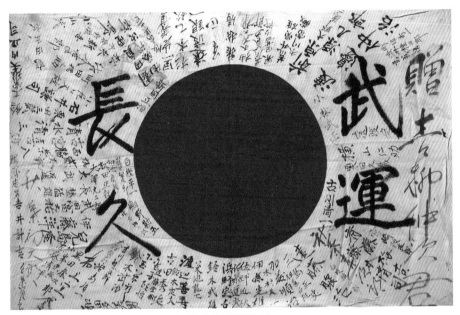

圖 3：劉放吾保存的仁安羌戰場上擄獲的日軍旗幟
資料來源：劉偉民提供。

三、中、美、英三方對仁安羌作戰的報導

　　1942 年 4 月 21 日重慶《大公報》刊出斗大標題：「緬境捷報　我軍攻克仁安羌　油田重見天日被圍英軍救出　我軍正面刻阻敵於平蠻附近」，內文採用中央社訊：「據此間昨日〔20 日〕接獲之中國入緬軍司令部公報謂：『由克安克巴邦〔喬克巴唐〕出發之國軍克復油田中心之仁安羌，並救出被日軍包圍之英軍數千人。』該公報全文如下：『由克安克巴邦〔喬克巴唐〕出發援救被圍英軍之我入緬軍，經二日之血戰，卒將仁安羌克復，並救出被多數日軍困圍之英軍。此役日軍死傷五百餘，我軍僅死傷百餘。』」[28]（圖 4-5）

28　〈緬境捷報　我軍攻克仁安羌　油城重見天日被圍英軍救出　我軍正面刻阻敵於平蠻附近〉，《大公報》（重慶），1942 年 4 月 21 日，版 2。

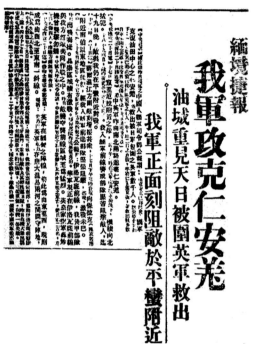

圖4：1942 年 4 月 21 日，重慶《大公報》「我軍攻克仁安羌」報導

資料來源：〈緬境捷報　我軍攻克仁安羌　油城重見天日被圍英軍救出　我軍正面刻阻敵於平蠻附近〉,《大公報》(重慶)，1942 年 4 月 21 日，版 2。

同日《紐約時報》(*The New York Times*) 頭版大標題為：「史迪威麾下中國軍隊在緬甸卻敵」，緊接著的副標題是：「中國軍隊南進配合英軍北攻　重獲仁安羌油田區」(OIL TOWN RETAKEN: Chinese Smash South to Yenangyaung as British Drive North) 該報採用 4 月 20 日來自倫敦的電訊：「根據重慶今天〔20 日〕報導，駐緬英軍與中國軍隊聯手攻擊，正從日軍手中奪回仁安羌油田區。稍早，相當數量的日軍超越行進中的英軍，並占領油田附近地點，封鎖英軍退路。中國軍隊在史迪威將軍指揮下，從伊洛瓦底江以東 20 哩、仁安羌北邊 30 哩的喬克巴唐馳援，英軍則由南向北進突圍。」[29]

倫敦《泰晤士報》(*The Times*) 的消息遲了一天，4 月 22 日該報戰地記者的報導指出：「昨〔21〕日中國官方報導曾稱已收復仁安羌油田區。英國官方報導只表示英國裝甲部隊與中國軍隊聯合反攻此地。」該報繼續報導：「我們的裝甲部隊主攻，中國軍隊配合無間〔gave excellent support〕。結果不僅收復仁安羌，為日軍進占仁安羌而切斷退路的我軍主體亦得以跨越賓河

---

29 "OIL TOWN RETAKEN: Chinese Smash South to Yenangyaung as British Drive North, BUT RETREAT ON SITTANG," *The New York Times* (New York), 21 April 1942, pp. 1-2.

後撤。」[30]

　　4 月 21 日《洛杉磯時報》（*Los Angeles Times*）採用的美聯社倫敦 20 日電訊有不同的說法。該報導指出：「雖然重慶公報宣布收復仁安羌並解救數千英軍，英方消息來源卻指出，他們懷疑該處還有相當規模的英軍，因為油田已被銷毀。」[31]

　　就各國媒體的報導，美國報章強調仁安羌作戰由史迪威將軍指揮；英國方面聲稱英軍主宰仁安羌之役；中國入緬軍司令部公報只籠統的指出，由喬克巴唐出發之入緬軍克復仁安羌並解救英軍。緣何國際媒體報導差異如此之大，究竟史迪威將軍當時在緬甸是否有指揮中國入緬軍實權？被圍的英軍是否有能力反攻仁安羌致勝？事關軍人的榮譽與國家的形象，真相亟待釐清。

圖 5：1942 年 4 月 24 日，重慶《大公報》「仁安羌之捷美各報讚揚」報導

資料來源：〈緬甸戰況〉、〈仁安羌之捷　美各報讚揚　認係緬境盟軍首次捷音　欲求久守須以空軍增援〉，《大公報》（重慶），1942 年 4 月 24 日，版 2。

30　"Japanese Driven from Oilfield Centre," *The Times* (London), 22 Arpil 1942, p. 4.

31　*Los Angeles Times* (Los Angeles), 21 April 1942.

四、英軍出圍真相釐清

　　中國入緬遠征軍歸誰指揮？中國國民黨中央委員會黨史委員會編印的
《中華民國重要史料初編——對日抗戰時期》錄自總統府機要檔案的文件顯
示，1942 年 2 月 3 日，蔣中正致遠征軍第 6 軍軍長甘麗初電文中指出：「該
軍入緬後即歸英方指揮。」[32] 3 月 9 日蔣中正與史迪威談及軍令統一時，提議
中英兩國軍隊皆歸史迪威指揮，史迪威亦答稱：「聞鈞座業已將入緬華軍之
指揮權，規定由英方掌握矣，今別有更張，似多未便。」[33]

　　由於不滿英軍一再撤退，蔣中正雖已允諾入緬中國軍隊歸英軍指揮，
卻仍於 3 月 9 日致電羅斯福及邱吉爾，表明中國遠征軍應歸史迪威指揮的意
向。美國總統羅斯福的答覆模稜兩可，英國方面卻對這項建議不悅。邱吉爾
於 3 月 17 日致羅斯福的電文中表示，中國入緬軍該歸亞歷山大將軍指揮，
因為史迪威既無幕僚亦對當地情況不瞭解；而且英國已提供中國軍隊所需給
養，聯絡系統也已送各師部。

　　3 月 27 日，蔣中正與亞歷山大會談時表示：「對於緬甸軍隊之統一指揮
問題，予與華盛頓及倫敦間已交換電訊。惟在此問題未得決定以前，全部緬
甸戰局，應仍由將軍指揮之，史蒂威爾〔史迪威〕部下之中國軍隊自亦包括
在內。」[34]

　　蔣夫人宋美齡（1897-2003）於 27 日當天，亦親寄史迪威一張便條，告
知入緬軍歸亞歷山大將軍指揮，算是打消史迪威指揮中英軍隊的建議。

　　而史迪威在中國遠征軍內地位又是如何呢？（圖 6）

32　秦孝儀主編，《中華民國重要史料初編——對日抗戰時期・第二編：作戰經過（三）》
　　（臺北：中國國民黨中央委員會黨史委員會，1981 年），頁 227。

33　秦孝儀主編，《中華民國重要史料初編——對日抗戰時期・第二編：作戰經過（三）》
　　（臺北：中國國民黨中央委員會黨史委員會，1981 年），頁 225。

34　「蔣中正與亞歷山大談話紀錄：防守同古及保衛曼德勒作戰計畫等」（1942 年 3 月 27
　　日），〈革命文獻—同盟國聯合作戰：遠征軍入緬（一）〉，《蔣中正總統文物》，國史館
　　藏，數位典藏號：002-020300-00019-035。

中英聯軍作戰指揮系統表
（一九四二年二至九月）

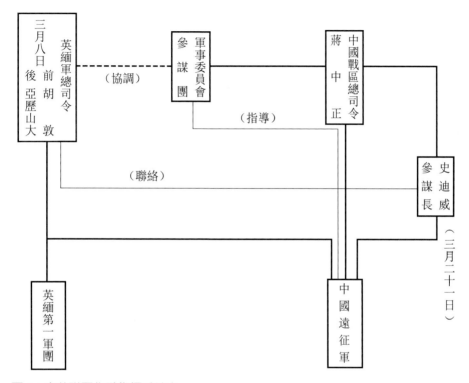

圖 6：中英聯軍作戰指揮系統表

資料來源：劉偉民製。整理自三軍大學戰史編纂委員會編，《國民革命軍戰役史第四部──抗日・第四冊：後期戰役，日本投降及終戰》（臺北：國防部史政編譯局，1995 年），頁 360，插表一。

　　3 月 11 日，蔣中正接見史迪威時表示：「余今晨業已下令第五、第六兩軍歸將軍指揮。」[35] 但是，史迪威將軍似乎並無實權。在《史迪威日記》（*The Stilwell Papers*）中，他指出：「蔣中正說：『史迪威指揮第 5、第 6 軍』，隨

35 「蔣中正與史迪威談話紀錄：第五第六軍歸史指揮緬向中英軍隊統一指揮」（1942 年 3 月 11 日），〈革命文獻─同盟國聯合作戰：遠征軍入緬（一）〉，《蔣中正總統文物》，國史館藏，數位典藏號：002-020300-00019-016。

後我領教了有關中國軍人心理，第5及第6軍挫敗將動搖民心及曼德勒多麼重要的長篇大論，並獲派一名參謀長〔林蔚（1889-1955）〕。隨後，致杜聿明、林蔚和我的信如雪片般飛來，但均直達個人。……他們當然最急於討好蔣中正，若我的指示或命令與蔣衝突，反對聲即不斷，各種托詞層出，甚或該部下拒絕執行命令。」[36]

《史迪威日記》4月1日記載：「蔣的不斷插手及指示，使我有限的指揮權蕩然無存。我沒有軍隊、沒有侍衛、沒有權槍斃任何人。軍隊指揮官只有興趣討好他，他們為何要服從我的指揮？」[37]

在同日蔣中正的接見中，記錄了史迪威的直言：「對於指揮第五、第六兩軍作戰，本人深感所得權限未足，未能令出必行，致有三次可以發動反攻之機會，皆蹉跎坐失。最後一次為上星期四，本人令第二十二師進攻，竟未見照辦，且經調查，本人命令確曾及時送達該師師長。」[38]

按 Fred Eldridge 在 *Wrath in Burma* 的說法，史迪威若未經蔣中正許可，不能派遣中國軍隊出百里之外。因此杜聿明雖重複三天接到命令，新22師仍不見動靜。[39] 史迪威頭銜為「中國戰區盟軍總部參謀長」，參謀長到前方的身分是代表統帥督導及協調部隊任務。惟緬戰時期，1942年3月27日上午9時，蔣中正接見英軍亞歷山大將軍談話紀錄，蔣中正對遠征軍的指揮關係有很明確的律定，蔣中正當時任國民政府的軍事委員會委員長，談話紀錄稱蔣中正為（委座），亞歷山大為（亞），記載要點如次：

（委座）對於緬甸軍隊之統一指揮問題，予與華盛頓及倫敦間已

36　Joseph W. Stilwell, ed. Theodore H. White, *The Stilwell Papers* (New York: W. Sloane Associates, 1948), p. 76.

37　Joseph W. Stilwell, ed. Theodore H. White, *The Stilwell Papers* (New York: W. Sloane Associates, 1948), p. 78.

38　「蔣中正與史迪威談話紀錄：指揮權及美國空軍志願隊改編問題」（1942年4月1日），〈革命文獻—同盟國聯合作戰：遠征軍入緬（一）〉，《蔣中正總統文物》，國史館藏，數位典藏號：002-020300-00019-040。

39　Fred Eldridge, *Wrath in Burma* (New York: Doubleday, 1946), p. 51.

交換電訊。惟在此問題未得決定以前，全部緬甸戰局，應由將軍
指揮之，史蒂威爾〔史迪威〕部下之中國軍隊自亦包括在內。
（亞）在鈞座與英美雙方對統一指揮問題未得最後決定以前，史蒂
威爾〔史迪威〕將軍部下之中國軍隊亦應由本人指揮，鈞座是否
如此？（委座）然。（亞）未識已以此意電告史蒂威爾〔史迪威〕
將軍否？（委座）史蒂威爾〔史迪威〕將軍在此時，予已面告之。
惟曾囑彼如涉及全局戰署及部隊之配置必先得余之同意。將軍與
史蒂威爾〔史迪威〕將軍可討論作戰之任何問題，惟若欲變更戰
署及部隊之配置，應如今日討論情形，事先得余之同意。緬甸為
英國屬地，英方自應多負責任。（亞）我等自當如命負責。[40]

　　因此，史迪威如果擅自改變戰略，調整配置即屬違令行為，遠征軍也就
不應配合。史迪威前往緬甸執行任務時，蔣中正交付他向主要幹部宣達的
手令，除遵守史迪威命令外，規定在同古作戰的兵力以現有為限（僅第 200
師），決戰地區在曼德勒附近。[41]此為蔣中正策定的遠征軍戰略計畫，史迪
威必須依令配置兵力。而他當天下達的命令則違背蔣中正的手令，要求杜聿
明把應該集中在曼德勒準備決戰的第 5 軍主力，前推到同古作戰。[42]史迪威
所稱「未能令出必行，致有三次可以發動反攻之機會，皆蹉跎坐失」，問題
是他未經同意就擅自改變蔣中正在曼德勒決戰的戰略，第 5 軍如果執行，而
第 6 軍按計畫到曼德勒決戰，變成兵力分離，將被各個擊滅。所以反對聲浪
不斷，蔣中正的信如雪片飛來導正，都是必然發生的事。他則認為蔣中正干
涉他的指揮權，將領們討好蔣中正。戰後許多報導和著作並沒有查證整個事

---

40 「蔣中正與亞歷山大談話紀錄：防守同古及保衛曼德勒作戰計畫等」（1942 年 3 月 27
　　日），〈革命文獻—同盟國聯合作戰：遠征軍入緬（一）〉，《蔣中正總統文物》，國史館
　　藏，數位典藏號：002-020300-00019-035。
41 國防部史政編譯局編，《抗日戰史：滇緬路之作戰》（臺北：國防部史政編譯局，1982
　　年，再版），頁 25。
42 國防部史政編譯局編，《抗日戰史：滇緬路之作戰》（臺北：國防部史政編譯局，1982
　　年，再版），頁 26。

件的背景，都根據史迪威的日記或說法，記載蔣中正不停地插手干預，中國
軍隊不服從命令。[43] 有違客觀事實，會造成對蔣中正的誤解。

　　探討遠征軍作戰，史迪威的指揮權責頗具爭議。對照蔣中正與亞歷山大
上述談話資料，蔣特別說明：其一，他已面告過史迪威入緬中國軍隊作戰由
其全權指揮，亞歷山大可與之討論任何作戰相關問題；其二，惟涉及全局戰
略及部隊之配置變更，亦特別囑咐過史迪威必須事先經過他同意。[44] 前者表
示蔣中正已授權史迪威指揮中國入緬軍隊。後者則強調，蔣中正叮囑過史迪
威不能未經他同意，擅自改變緬甸的全局戰略及部隊配置，因為此兩項決定
權屬於蔣之統帥權責。從《史迪威日記》所載可見他並沒有遵從所囑，導致
其與蔣預定戰略相悖的命令不被下屬接受執行，二人衝突癥結就是從這裡開
始。此為遠征軍一項重要議題，謹此說明並釐清。

　　在 Bisheswar Prasad 主編的《緬甸撤退（1941-42）》（*The Retreat from
Burma 1941-42*）一書中，詳細描述了英緬軍第 1 師於 17 日向敦貢推進企圖
突圍的努力，但在「驕陽高照、塵土飛揚，敵機及機關槍不斷掃射下」，英
緬軍第 1 師終於無功而退。[45]

　　斯利姆在他所著的《反敗為勝》（*Defeat into Victory*）中提及：「18 日
早上 6 時半，英緬軍第 1 師發起攻擊，並在砲兵部隊掩護下取得部份進展，
因為缺乏子彈，一些部隊開始後退。也有部份裝備運送到接近賓河南岸，卻
被日軍在一個個的矮山丘上殊死抵抗的攔住。另一支愛爾蘭人的分隊，被誘
入日軍設下的埋伏；戰車部隊最後的攻擊也在日軍許多戰防砲的攻擊下敗退
下來。英緬軍第 1 師的攻擊挫敗，突圍不成，形勢非常嚴峻。下午 4 時半，

43　史迪威（Joseph W. Stilwell）著，林鴻譯，《史迪威日記》（哈爾濱：北方文藝出版社，
　　2014 年），頁 76。

44　「蔣中正與亞歷山大談話紀錄：防守同古及保衛曼德勒作戰計畫等」（1942 年 3 月 27
　　日）〈革命文獻—同盟國聯合作戰：遠征軍入緬（一）〉，《蔣中正總統文物》，國史館
　　藏，數位典藏號：002-020300-00019-035。

45　Combined Inter-Services Historical Section, *Official History of the Indian Armed Forces in the
　　Second World War 1939-45: The Retreat from Burma 1941-42*, ed. Bisheswar Prasad (Calcutta:
　　Sree Saraswaty Press Ltd., 1952), pp. 290-294.

斯高特以無線電告知他，部隊缺水以及多日持續行軍與戰鬥的損耗太大，挨過今晚沒有問題，但如果隔天早上仍然沒有水，會因為過於虛弱而無法重新攻擊，並請允許他銷毀火砲等重裝備，利用夜間突圍潛出。我下令斯高特再堅持一晚，並告訴他已經下令中國軍隊在第二天早上重新發動攻擊，在那時候英緬軍第 1 師再一起突圍，就不必犧牲那些寶貴的裝備。」[46]

斯高特的電話反映出當時英緬軍第 1 師進退維谷更無力突圍，只能等待外援的景況。事實上，依照斯利姆描述，19 日上午 7 時，英緬軍第 1 師再戰後很快又被增援的日軍壓制，「炎熱依舊，乾渴依舊，軍隊在精疲力竭之際又受到猛烈攻擊，死傷又增。」在這種情況下，斯利姆指出：「儘管軍官不斷安撫，英緬軍第 1 師已經完全崩潰。」[47]

按照斯利姆的說法，中國軍隊攻擊的時間延後，斯高特與總部的通訊亦中斷。在無法通訊的情況下，斯高特重新組隊，在狹窄及崎嶇的丘陵間企圖找出一條生路。斯利姆描述：軍隊及輜重在前進不久即陷入沙地而動彈不得，斯高特不得不下令放棄交通工具徒步前進。[48] 所幸在極度危急的狀況下，國軍第 113 團擊潰日軍，占領陣地掩護英軍撤出，英緬軍第 1 師終於獲得解救，無怪乎合眾社隨軍記者貝爾登（Jack Belden, 1910-1989）說，被困英軍退到賓河岸，在見到中國軍隊時握拳高呼：「中國萬萬歲！」（Chung Kuo Wan Wan Sui!）。[49] 英緬軍「自行突圍」之說不攻自破。

1942 年 5 月 5 日，東京《朝日新聞》日刊刊載陸軍報導關於緬甸戰況的描述中說：「英方以重慶軍的支援作為唯一倚賴。」[50]《朝日新聞》所指的「重慶軍」正是國軍第 113 團。

至於英方裝甲部隊在 4 月 18 日所發揮的作用，斯利姆《反敗為勝》記載：戰車部隊的作戰敗退下來，斯利姆解釋北岸的中國軍隊（第 113 團）雖

46　William Slim, *Defeat into Victory* (London: Cassell and Company, Ltd., 1956), p. 68.

47　William Slim, *Defeat into Victory* (London: Cassell and Company, Ltd., 1956), p. 70.

48　William Slim, *Defeat into Victory* (London: Cassell and Company, Ltd., 1956), p. 71.

49　Jack Belden, *Retreat with Stilwell* (New York: Alfred A. Knopf, 1943), p. 165.

50　〈マンダレー攻略の経過〉，《朝日新聞》（東京），1942 年 5 月 5 日，版 2。

然打到河邊，但支援作戰的英軍戰車則受到河床的軟泥限制，無法驅散日軍支援作戰。[51] 南岸支援英緬軍第 1 師的戰車營嘗試排除路障，則被日軍反裝甲武器擊敗。更嚴重者，戰車受地形阻礙，而成為被集中射擊的目標。[52] 日軍戰史記載：仁安羌附近的地形，標高差雖不過 50 公尺左右，但高低起伏極為錯綜複雜。由於侵蝕作用使地隙變成斷崖，到處構成自然的反戰車壕，為反戰車戰鬥的絕佳地形。[53]

戰場指揮官斯利姆回憶錄及日軍戰史都證實，4 月 18 日支援賓河南北兩岸的英軍戰車受到預設障礙、河灘軟泥及侵蝕地隙的限制，戰力難以發揮，支援作戰的效果有限，遂被日軍反裝甲武器所擊敗。而 4 月 19 日決戰當天，斯利姆遠離戰場到瓢背開會。斯利姆《反敗為勝》記載：後方一名英國軍官接到報告，稱一部強大的敵軍正向歸約推進將切斷那裡的交通，他沒意識到逼近的是中國軍隊而非日本人，便下令將戰車及隨車步兵全部召回歸約，以應對這個新臆想出的危險。[54] 因此，原本按計畫支援第 113 團渡河進攻的英方戰車並沒有參與 19 日戰鬥。前述倫敦《泰晤士報》的報導：「我們的裝甲部隊主攻，中國軍隊配合無間。被日軍切斷退路的我軍主體亦得以跨越賓河後撤」。[55] 該報把救出英緬軍第 1 師歸功於他們裝甲部隊的說法，證明並非事實。

五、青史險成灰

中國遠征軍第 1 路司令長官羅卓英於 1942 年 4 月 20 日致電蔣中正：

51　William Slim, *Defeat into Victory* (London: Cassell and Company, Ltd., 1956), pp. 67-68.

52　William Slim, *Defeat into Victory* (London: Cassell and Company, Ltd., 1956), p. 68.

53　日本防衛廳防衛研修所戰史室編，曾清貴譯，《緬甸攻略作戰》，日軍對華作戰紀要叢書 (44)（臺北：國防部史政編譯局，1997 年），頁 508。

54　William Slim, *Defeat into Victory* (London: Cassell and Company, Ltd., 1956), p. 70.

55　"Japanese Driven from Oilfield Centre", *The Times* (London), 22 April 1942, p. 4.

孫師原派喬克巴党〔喬克巴唐〕之一一三團，筱〔17〕日掃蕩平河〔賓河〕以北敵人後，進而救援在彥南揚〔仁安羌〕被圍之英軍，現據孫師長皓〔19日〕未〔時〕報稱，劉團經兩晝夜激戰，佔領彥南揚〔仁安羌〕，救出被圍英緬軍第一師七千餘人（情形狼狽不復成軍），並由敵人手中奪獲之英方輜重百餘輛悉數交还。敵向南退却，其死傷約五百餘名，我亦傷亡百餘，該團暫在彥南揚〔仁安羌〕佔領陣地等語。查孫師劉團作战努力，除獎勵外，謹闻。[56]

蔣中正得知第113團於仁安羌戰勝日軍救出英軍，特別在日記中寫下「……此乃緬戰轉勝之機乎。……預定一、電獎劉團長。」[57] 次日，以毛筆親擬電稿給羅卓英轉劉團長：「我第一一三團在葉南陽〔仁安羌〕激战以後，救出友軍數千名，并克復葉南陽〔仁安羌〕重鎮，殊堪嘉慰。……望即將陣亡官兵姓名詳報，以憑敍勳，尚希通令所部，再接再勵，奮勇致果，以竟全功，用副厚望。蔣中正手啟」[58]

上述羅卓英呈報蔣中正電文，及蔣中正日記、電獎劉團長手稿，清晰記錄劉放吾指揮第113團取得仁安羌大捷之經過。然而戰後這段歷史卻因為真相被掩蓋，締造這場大捷的指揮官劉放吾，非但沒有得到應有的榮譽，反而幾乎被淹沒在歷史的洪流中。

究其原因，源於當初仁安羌解圍戰後，劉放吾再奉命率第113團掩護大軍撤退，孤軍殿後，與渡江來襲之敵發生激戰，予以重創，任務完成後被日軍追擊進入野人山（Kachin Hills）艱苦備嘗，輾轉到達河馬林（Homalin）

---

56 「羅卓英電蔣中正報告劉放吾團經激戰占領仁安羌救出被圍英緬軍第一師並由敵人手中奪獲英方車輛其作戰努力請給予獎勵」（1942 年 4 月 20 日），〈遠征入緬（一）〉，《蔣中正總統文物》，國史館藏，數位典藏號：002-090105-00006-005。

57 「蔣中正日記」，1942 年 4 月 20 日，史丹福大學胡佛研究所藏。

58 「蔣中正電史迪威羅卓英國軍第一一三團克復葉南陽重鎮殊堪嘉慰望詳報陣亡官兵以憑敍勳」（1942 年 4 月 21 日），〈革命文獻—同盟國聯合作戰：遠征軍入緬（二）〉，《蔣中正總統文物》，國史館藏，數位典藏號：002-020300-00020-011。

又受敵裝甲車阻擊，最終於南先慶（Nawngsankyim）在日軍砲艇追擊下，率全團官兵泅泳橫渡清得溫江（Chindwin River）[59] 進入印度。劉團從仁安羌到卡薩（Katha）再到印度，前後苦戰數十日，官兵極度疲勞彈藥殆盡，一路上餐風宿露，官兵大都生病，團長劉放吾因積勞成疾，由擔架抬著歸還建制，隨即進入盟軍醫院療養達兩個多月。在此期間已先期到達印度的新 38 師之司令部，負責編撰被視為第一手資料呈報軍事委員會的仁安羌戰鬥詳報（第一次燕南羌戰鬥詳報〔自四月十六日至二十一日由燕南羌至貴酉〕）記載不實，[60] 聚焦師長指揮，不見團長作為，其作戰命令及要圖，戰鬥詳報都以「團」的作戰命令移花接木，冠上「師」的頭銜稱師長指揮，向上呈報成為機密文件，而後官方編撰戰史、民間出版專書、學者發表論文及老戰士訪談多所引用，戰史被扭曲，一個團打的仗團長消失不見，以訛傳訛流傳甚廣。

劉放吾追隨孫立人將軍多年，只能盡心完成交付使命，絕口不提仁安羌真相被掩蓋的委屈，以致戰後多年香港發生轟動兩岸三地的「真假將軍案」。

1950 年代英國駐香港總司令菲士廷（Francis Festing, 1902-1976）將軍[61]，曾率領英印第 36 師多次在緬甸戰役中與中國駐印軍並肩作戰，因而結下情誼。國共內戰期間先後有不少國軍將領避居香港，對於在印緬時期並肩作戰過的戰友，菲士廷對他們特別關照。

一個叫林彥章的騙子了解到這些情況後經過精心策劃、巧妙包裝，冒充

59　本書將 Chindwin River 統一譯為「清得溫江」，在部分一手史料或二手研究當中，或有譯為「更的宛河」、「清德溫江」，如為引用資料，則從其原文不作調整，另加標說明。

60　「第一次燕南羌戰鬥詳報（自四月十六日至二十一日由燕南羌至貴酉）」，〈新編第三十八師緬甸戰役戰鬥詳報〉，《國防部史政局和戰史編纂委員會》，中國第二歷史檔案館藏，檔號：787-11655，頁 25-46。

61　菲士廷曾於 1945 至 1946 年，以及 1949 年 6 至 9 月出任英國香港駐軍司令（Commander British Forces in Hong Kong）。1956 至 1958 年間擔任英國遠東陸軍總司令（Commander-in-Chief Far East Land Forces），屬下部隊包括駐香港的英國陸軍部隊，他當時也曾到香港。因香港各報呈現資訊不一，本書依當時香港人對菲士廷的印象，概以「英國駐香港總司令」稱之。

仁安羌大捷中拯救過英軍的劉團長，借此騙取到菲士廷的信任，到處招搖撞騙，撈取大量錢財，直至 1963 年 8 月東窗事發，林彥章在香港被捕。

「事發之後，所有的媒體都問，既然林彥章冒充劉團長，那這個劉團長到底是誰？現在又在哪裡？」經過媒體到處尋找，最終在臺灣屈尺煤礦，找到當時第 113 團第 1 營營長楊振漢，楊營長向記者們詳細地敘述了仁安羌作戰的整個過程，記者再循跡在屏東，找到了仁安羌作戰真正的指揮官——劉放吾。

若非「真假將軍案」揭穿騙子行徑，臺灣《徵信新聞報》（《中國時報》前身）刊出「光榮戰史從頭說　真假將軍揭謎底」的報導，[62] 仁安羌大捷戰史真相及第 113 團和團長劉放吾的事蹟可能就此永遠埋沒在歷史的灰燼裡。

當年新 38 師的師參謀長何鈞衡（1903-1994），在仁安羌作戰 48 年後撰寫〈轉戰中印緬戰區的新編第三十八師〉時指出，師長孫立人和團長劉放吾各獲得雲麾勳章乙座。[63] 師司令部的重要公文除政治部以外，都要經過參謀長審查。戰後多年，何鈞衡對功獎的頒授記憶深刻，證實師長、團長都獲頒雲麾勳章，而團長卻沒有收到。一個團在作戰，只有一位指揮官，戰後敘獎不會出現兩個首功，都頒授相同的勳章。仁安羌之戰如果由師長指揮獲頒雲麾勳章，則團長敘獎不可能比照師長。若團長指揮作戰，師長親臨督戰與指導，部隊重視倫理，核予等同團長的勳獎可以理解，更何況，解救英軍已贏得國際的矚目。惟獨得勳章更能彰顯此戰由誰指揮，不排除師司令部未將團

---

62 〈光榮戰史從頭說　真假將軍揭謎底〉，《徵信新聞報》（臺北），1963 年 10 月 18 日，版 3。

63 何鈞衡，〈轉戰中印緬戰區的新編第三十八師〉，收入中國人民政治協商會議全國委員會文史資料研究委員會「遠征印緬抗戰」編審組編，《原國民黨將領抗日戰爭親歷記：遠征印緬抗戰》（北京：中國文史出版社，1990 年），頁 142。何鈞衡為當時的師參謀長，軍事委員會核定的勳章送達師司令部時，需經由他簽閱。雲麾勳章的等級，將、校分開。將級 1 至 4 等、校級 3 至 6 等。等級代表獲頒次數，與功績大小無關，同獲雲麾表示功績相同。第一次獲頒雲麾，將級得 4 等，校級 6 等，第二次獲頒則向上晉一等，以此類推。此次授勳，師長 4 等，團長 6 等，同為雲麾基本等級，都是第一次獲得此獎。只有官階不同的區分，沒有功績大小之別。

長的勳獎按規定轉發，此為劉放吾團長始終沒有拿到雲麾勳章的原因。

　　時空移轉，晚年定居洛杉磯的劉放吾將軍，在接受《世界日報》記者沈正柔採訪時，手撫當年戰鬥中擄獲的日軍旗幟及斯利姆將軍面交的親筆手令，談起仁安羌戰後的際遇，從何鈞衡著作中才知道當年在仁安羌作戰有功，上級曾經核頒的雲麾勳章，卻從來沒有到達他手上。留在身邊的，卻是一張陸海空軍甲種一等獎章執照，連獎章都沒有看到，獎章還是後來經由劉將軍兒子劉偉民爭取，臺灣國防部於 1992 年再予補發的。

　　劉放吾將軍保留的獎章執照上寫著：「陸軍新編第三十八師一一三團上校團長劉放吾，因緬甸戰役著有功績，今依陸海空獎勵條例第三條第一款，呈准國民政府，給與陸海空軍甲種一等獎章一座，合發執照，以資證明。軍事委員會委員長蔣中正。中華民國三十五年一月。」

　　就陸海空軍甲種一等獎章的授予標準為「戰時或平時著有功績，或學術技能特有專長者」，屬於平、戰兩時通用，嘉勉一般性功績的獎章。這與雲麾勳章授予標準「對國家建有勳績，或鎮懾內亂」的差異極大。劉團長以不足一團之兵力擊潰日軍一個聯隊，救出英軍一個師 7,000 餘人，這是戰功，在聯盟作戰中為國家建立殊勳，符合雲麾勳章授予標準。雲麾勳章在遠征軍第一次緬甸作戰時期已經頒發到師司令部，只是團長始終沒有收到。

　　檢視這份甲種一等獎章執照，於 1946 年 1 月頒發，那時連第二次世界大戰都已打完後快半年了，更何況距離仁安羌作戰結束已近 4 年，這枚獎章是頒發給遠征軍撤退到印度，在蘭伽（Ramgarh）準備反攻時期，曾經參與部隊戰備或訓練有功的三軍幹部，於戰後統一檢討時所授予。這期間，劉放吾擔任新 38 師上校團長及晉升師附，在部隊整訓，準備反攻等戰備任務做出貢獻所獲得的獎章，與仁安羌作戰沒有關聯，只是他轉戰異域時期，所獲得的一枚紀念章而已，撫今追昔，能不令人唏噓！

　　1992 年 4 月，仁安羌大捷 50 週年前夕，這段歷史的遺憾終於得到彌補。英國前首相柴契爾夫人（Margaret Thatcher, 1925-2013）在美國芝加哥親自會見劉放吾將軍（圖 7-8），代表英國政府及人民，感謝他在第二次世

界大戰時指揮所部解救英軍的壯舉。[64] 為表示至高的謝忱，返回英國後柴契爾夫人再囑當時的國防部長芮夫金（Malcolm Rifkind）代表英國官方正式致函劉放吾將軍道謝（圖9），確認國軍在仁安羌作戰時，戰勝日軍解救英軍的歷史事實，撫慰我第113團為解救英軍而壯烈犧牲的官兵在天之靈，展現政治家的高度與胸襟。

---

64 〈仁安羌戰役五十年紀念　英國軍民不忘救援恩　佘徹特向劉放吾致謝〉，《世界日報》，1992年4月11日，版A3。佘徹為柴契爾夫人的另譯。

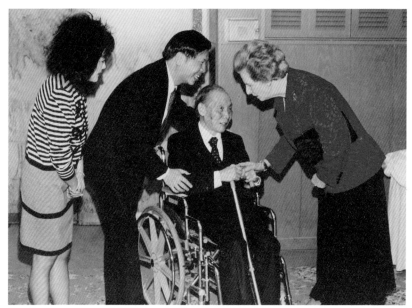

圖7：英國前首相柴契爾夫人向劉放吾將軍致謝忱。

資料來源：劉偉民提供。

圖8：劉放吾將軍與柴契爾夫人重提緬甸仁安羌作戰往事，其子劉偉民、媳王國媚夫婦陪伴在側。

資料來源：劉偉民提供。

SECRETARY OF STATE

MINISTRY OF DEFENCE
WHITEHALL LONDON SW1A 2HB
Telephone 071-21 82111/2/3

D/S of S/104/92D

10th June 1992

Dear General Liu,

　　Mrs Margaret Thatcher has written to me telling me of her meeting with you in New York in April and of your actions, and those of your regiment, in helping to extricate the British 1st Burma Division from encirclement by the Japanese at Yenangyaung in Burma in April 1942.

　　This year saw the fiftieth anniversary of the battle, which was clearly fought under the most testing and difficult of conditions during the darkest days of the war against the Japanese.　May I therefore take this opportunity to express my warmest appreciation for the support you and your Regiment gave to the British Army, despite very considerable casualties.

Yours sincerely,

Malcolm Rifkind

General Liu Fang-Wu

Recycled Paper

圖 9：時任英國國防部長芮夫金代表英國官方致劉放吾將軍感謝函
資料來源：劉偉民提供。感謝函正文第 2 行 "New York" 應為 "Chicago"。

第三章
撫今追昔

一、劉放吾軍旅經歷

　　劉放吾 1899 年 5 月 26 日出生於湖南桂陽五美鄉雙嶺村，父親以愛國詩人陸游 (陸放翁)〈晚登子城〉中的「驅車出門何所詣，一放吾目登高城」，命名為劉放吾，就是希望他能擁有家國天下、憂國憂民的情懷。家中行四，年幼喪父，由母親撫育，耕讀傳家，尚能自給。長兄習工業，服務於粵漢鐵路廣韶段；二兄與三兄均投身軍旅，應了近代以來「無湘不成軍」的說法。另有一弟留在家鄉服務。劉放吾先於 1926 年夏卒業於桂陽聯中，因為氣憤軍閥橫行，與家裡的一位堂兄弟從家鄉桂陽走路到平縣，乘船到韶關後乘火車到廣州，考入黃埔軍校第 6 期，參加革命軍。(圖 10)

(一) 陸軍軍官學校

　　陸軍軍官學校最初定名為「中國國民黨陸軍軍官學校」，1924 年 1 月，孫中山（1866-1925）委派蔣中正為陸軍軍官學校籌備委員會委員長，開始籌備「軍官學校」，以廣州黃埔長洲島既有的廣東陸軍學校與廣東海軍學校校址為學校校址，故往往稱為「黃埔軍校」。

　　中國傳統軍官學校如保定軍官學校正式修業年限為三年，但黃埔軍校則由蘇聯軍事顧問規劃半年即完訓的速成學制（按：第六期因時局因素，學制延至三年）。5 月 3 日，孫中山正式任命蔣中正為陸軍軍官學校校長，稍後

圖 10：劉放吾騎馬照
資料來源：劉偉民提供。

又以廖仲愷（1877-1925）為中國國民黨黨代表，並籌集軍校經費，其餘重要教員包括李濟琛（1885-1959）、鄧演達（1895-1931）、王柏齡（1889-1942）、葉劍英（1897-1986）、戴季陶（1891-1949）、周恩來（1898-1976）等人，何應欽（1891-1987）為總教官。

1924 年 2 月 10 日，陸軍軍官學校公開招生，除廣東外，其餘各地均需祕密進行，湖南由何叔衡（1876-1935）初選，再複試。4 月分榜示正取 350 名，備取 100 名，學生來自廣東、湖南、湖北、浙江、四川等省，也有部分海外華僑青年。開學之日，孫中山親自主持典禮，並演說「革命的基礎在高深的學問」講話。

1924 年 11 月 30 日，軍校第一期學生畢業，1925 年 8 月，第二期學生畢業。此時，軍校招生範圍擴大，國民黨各地黨部諸如開封、漢口、北京、上海等地，均積極招生。1926 年 7 月北伐時，軍校學生成了重要幹部。在此同時，國民政府軍事委員會改組軍校，將原有各軍官學校合併為「中央軍事政治學校」，由軍事委員會直轄，校址仍設置於黃埔，蔣中正續任校長。1926 年，中央軍事政治學校續招第六期，劉放吾便於此時考取南京中央軍事政治學校六期步科，入伍受訓，同學包括戴笠、喬家才（1906-1994）；中共將領羅瑞卿（1906-1978），作家謝冰瑩（1906-2000）等人則是「武漢中央軍事政治學校」，同屬軍校第六期同學。

1929 年夏，劉放吾卒業於中央陸軍軍官學校[1]（圖 11），奉派進入陸軍教導隊繼續學習。同年 9 月卒業，入部隊服務，初任陸軍教導隊學生隊排長。1930 年夏，改任陸軍教導師特務連排長。1930 年冬，升任國民政府警衛軍特務營第 3 連連長。1931 年冬，警衛軍改編為陸軍第 5 軍，劉放吾仍任特務團 3 連連長。

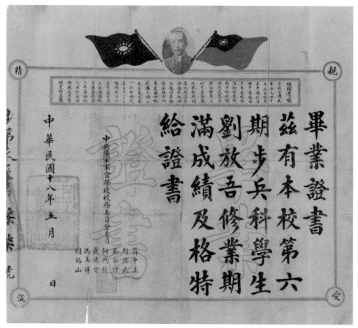

圖 11：劉放吾中央陸軍軍官學校畢業證書
資料來源：劉偉民提供。

1931 年 9 月，日軍悍然發動「九一八」事變，關東軍參謀部甚至制定《滿蒙問題解決方案》，計畫在東北建立滿洲政權，以分化瓦解中國，並為轉移國際視聽，日軍乃在上海挑起事端。上海原為列強俎上肉，商業利益豐厚，列強自然不可能坐視，中、日一旦發生衝突，即可吸引國際關注，日本則可趁此鯨吞東北。而此時中國各地發生的「排日運動」，更給了日本派兵

---

1 中央軍事政治學校於 1928 年更名為中央陸軍軍官學校。

藉口。由於中國仍希望國際聯盟主持正義，調查日本在中國東北的陰謀，遂有 1932 年 1 月國聯組織的李頓調查團行動。

1932 年 1 月，上海各界抗議日本侵略的活動繼續不斷，日本軍艦開始在上海集結，1 月 28 日夜間，日軍攻擊閘北中國駐軍，「一二八」淞滬作戰爆發。次日，日本軍機轟炸閘北，造成極大損害。

1 月 30 日，國民政府通電抗日，第 5 軍增援上海，劉放吾因此參與了「一二八」淞滬作戰。2 月，劉放吾在第 5 軍連長任內，於「瀏河作戰」中奉命阻止日軍登陸，掩護軍司令部安全撤退。由於「一二八」淞滬作戰讓長江航運中斷，妨礙列強在華利益，因此列強積極調停，日本乃於 3 月初宣布停戰，中日雙方處於對峙狀態。在英國駐華公使不斷斡旋後，中、日雙方於 5 月 5 日在上海英國領事館簽訂《淞滬停戰協定》，劉放吾隨部隊歸建。

（二）奉派稅警總團

中國為求軍事現代化，從 1928 年起聘請德國軍事顧問，成立德制教導師，使用德式裝備，經費來自財政部的鹽稅，故有「鹽師」之稱。1929年，財政部長宋子文（1894-1971）也計畫組建軍事武力，護衛各地海關，經費仍是以鹽稅餘款為主，但不以軍隊稱之，而是稱為「稅警」，最早成立的兩個稅警總隊以江西九江為基地。1930 年，又於上海成立稅警總團，團址設於徐家匯。1932 年初，淞滬戰役爆發後，稅警總團便以第 5 軍第 88 師獨立旅名義，投入戰場。《淞滬停戰協定》簽訂後，稅警總團改駐蘇北。

「一二八」淞滬作戰中，稅警總團傷亡頗大，必須縮編，從原本 6 個步兵團及 2 個獨立步兵營縮減為 4 個團，甚至需要增調其他兵員以為補充。1932 年冬，劉放吾轉調至稅警總團步兵第 4 團第 5 連任連長。1933 年秋，劉放吾奉派進入廬山軍官團 3 期受訓。

1937 年 9 月，劉放吾在稅警總團第 4 團連長任內，參加上海第 2 次淞滬會戰，在蘊藻浜丁家橋之役中，與日軍激戰整天，並在奪回丁家橋陣地戰中負傷。

　　1937 年 10 月 1 日，劉放吾任稅警總團幹校軍士隊少校隊長。1938 年，任稅警總團幹部教導隊軍事隊少校隊長兩期。1938 年 1 月，稅警總團調往陝西寶雞整訓，會同第 25 師，合編為第 8 軍。稍後，蔣中正再令稅警總團改為陸軍第 40 師，歸第 8 軍指揮，經費仍由財政部支應。

　　徐州會戰時，第 8 軍在蘇北碭山、豫東商丘一帶阻擊日軍，傷亡頗重，第 8 軍撤編。第 40 師則參與武漢會戰，在南潯一線阻擊日軍。1938 年 12 月，第 40 師被編入第 29 軍建制，駐江西東鄉，師部撤銷。1938 年 12 月，財政部長孔祥熙（1880-1967）再於湖南長沙招募稅警總團舊部，重新組建鹽務總局緝私總隊，由孫立人任總隊長。1939 年春，劉放吾已經升任緝私總隊第 2 團第 2 營營長。1940 年 11 月，該總隊恢復稅警總團番號。

（三）服務新編第 38 師到投考陸大

　　1941 年 11 月，稅警總團中的 3 個團改編為新編第 38 師，劉放吾任該師第 113 團上校團長。

　　1942 年 4 月第一次緬甸作戰，率兵前往仁安羌，指揮所部營救英軍及平民，是為「仁安羌作戰」。

　　1942 年秋，新 38 師轉往印度蘭伽，劉放吾乃參加蘭伽戰術班第 2 期受訓，並任駐印遠征軍汽車學校主任。期間，習得各項車輛駕駛及保養技術。

　　而在蘭伽整訓半年多後，劉放吾發現仁安羌戰史被扭曲，真相已被掩蓋，悲傷失望之餘，「賭氣」離開傷心地，回國投考陸軍大學。即便如此，仍然遭到「不應有」的待遇，萬般無奈之下，於 1943 年 7 月 18 日上書孫立人，全文如下：

仲公師座鈞鑒：

　　別後已逾三月之久，時在孺慕之中。六月間曾數次函稟，迄未見示，未識收到否。

　　竊職之銳意求學，實感學不敷用之苦，絕無他念，若能達其求學之宿願，學成仍為鈞長效命馳驅，此心耿耿，可誓天日。曾

經歷次面陳鈞長，承蒙不棄，准予保送，五內銘感，曷可勝言。
職回國以來，專注投考事宜未敢稍懈，原期毋負鈞長之期望，
迨者考試僅及半途，能否達到入學之目的，猶多待鈞長之大力相
助。茲突聞師內附員多數撥送新編三十師任用，職亦在撥送之
列，遽聞之下，不勝惶恐之至。緣職不才，已承鈞長之錯愛教誨
提攜，十二載如一日，鈞長之憂苦勞患，職雖未能稍分一二，然
亦未嘗須臾離也；況職十餘年來毫無積蓄，僅恃刻苦勤儉以圖
存，於公於私並無苟且，凡此諒在鈞長明鑒之中。現職家中上有
七旬餘老母在堂，素乏奉養，每以忠而忘孝以為搪塞之口實，午
夜捫心，深知於人子之職責多虧，心痛不已；下有妻兒數口，大
者尚不盈十歲，正在求學之中，小者猶在懷抱，嗷嗷待哺，年來
全賴幾斗軍米勉強維持生命以度活。今職若他撥之傳聞屬實，而
職妻兒所恃以生存者一旦斷絕，則際此困難嚴重物價高漲數百倍
之今日，闔家大小惟有束手以待斃而已。夙仰鈞長素以仁慈為
懷，苟一念及此勢必不忍。因敢函懇鈞長俯念職家中老母弱妻幼
子等縷縷一線之生命，慈航普渡，仍准保留職之附員底缺，俾職
之妻兒等免為他鄉之餓莩，則洪恩大德，闔家感戴無有已時，職
今生縱不能報其萬一，亦必率妻兒啣報於來世。職夙性愚憨，臨
穎不知所云，毋任惶恐，迫切待命之至。謹此敬叩
鈞安

　　　　　　　　　　　　職劉放吾（印章）謹上七‧十八[2]

幾經波折，劉放吾於當年秋天進入陸軍大學特 7 期，至 1946 年夏卒業。

2　此信函寫於 1943 年 7 月 18 日，原件收藏於中央研究院近代史研究所檔案館。

（四）軍旅後期

劉放吾於 1946 年夏自陸軍大學畢業後，派任為新 1 軍幹部教導隊大隊長，隨後奉令調陞東北保安第 12 支隊少將副司令。

1947 年秋，東北保安第 12 支隊改編，乃轉調陸軍騎兵第 2 旅副旅長並代理旅長。稍後，該旅縮編，劉放吾乃轉任新 7 軍高級參謀。

1948 年 5 月初，因母病，請准長假返鄉探視。同年 12 月，又奉電召回，改派臺灣，任陸軍訓練司令部高級參謀。

1949 年 5 月，改任軍校第 4 軍官訓練班軍官大隊長；同年 10 月，任該班學生總隊長。

1950 年 9 月，改任軍校幹訓總隊少將總隊長，1950 年年終考績獲得服務勤奮成績優良優等獎。

1951 年 3 月，奉命改敘上校，同年秋奉派任陸軍第 80 軍幹部訓練班上校副主任。劉放吾在軍校總隊長任內，由於服務勤奮，成績優良，獲得獎狀，但卻改敘上校。劉放吾頗為賞罰無序而不滿，曾表示：「獎狀發下來還不到 100 天，我就被調成陸軍總司令部上校附員。已經掛少將銜一段時間，又被降成上校，我當時相當不平，告訴我的長官，要求調查，有罪應以軍法審判，無罪不該無故降職。」

1951 年 9 月，劉放吾奉令入圓山軍官團第 8 期受訓，結訓後，於 1952 年 1 月 1 日，陞回少將職銜，此後一直擔任訓練兵員工作，直到退役。

二、劉放吾對仁安羌的回憶

1994 年 95 歲高齡，定居在洛杉磯西南海邊的劉放吾將軍在接受《世界日報》記者沈正柔專訪時，回憶起當年情況仍然歷歷在目。他出示紙張已經泛黃，但筆跡依舊清晰的斯利姆手令，證實斯利姆將軍來到喬克巴唐團部，並解說這段鮮為人知的歷史：「我並不知道新 38 師劃歸斯利姆指揮（按：僅第 113 團劃歸斯利姆指揮），他的命令又寫在很隨便的一張紙條上，很難令

人相信；況且，當年在上海戰役時『拉夫』的情況十分普遍，因此師長在部隊從貴州興義出發時，即一再叮囑不能隨便聽別人命令，所以一直到以無線電與孫師長聯絡確定後，我們馬上奉命行事。」[3]

劉放吾在獲得明確命令後，立即率全團官兵向賓河挺進，並派副團長曾琪隨同英軍戰車隊長先赴賓河北岸附近偵察敵情及地形。第 113 團於 1942 年 4 月 17 日午後到達戰鬥地區，英軍於此配屬輕型戰車 12 輛，火砲 3 門，完成攻擊準備。

劉放吾將軍對當年作戰情況記憶猶新。當年接受《徵信新聞報》採訪時，他說：「當時，我們面對的是戰鬥力很強、配備也很精良的日軍第 33 師團，師團長是陸軍中將櫻井省三，他底下的一個步兵聯隊長是陸軍少將荒木正二（1892-1970，實際與第 113 團對戰為日軍第 214 聯隊，聯隊長作間喬宜大佐）。他們不僅有戰車和大砲，還有一大隊飛機哩。18 日淩晨，我的部隊在協同作戰的英軍戰車及配屬砲兵——當時英軍附有輕戰車 12 輛（1 個戰車連）及砲 3 門（約 1 個砲兵連），12 輛 M3 型的坦克都歸我統一指揮，向賓河北岸的日軍採取兩翼包圍態勢，開始攻擊。這樣一來，敵軍包圍了英軍，我軍包圍了日軍，日軍腹背受敵，勢至不利，但仍恃其精良配備，負隅頑抗，同時以巨砲及飛機向我軍陣地猛烈轟射。我軍以昂揚鬥志、必勝信念以及熾烈火力，除施以兩面夾擊外，並向敵正面反覆衝殺，直到午後 4 時，敵軍傷亡慘重，終於放棄陣地，紛紛涉水逃竄。」他又說：「當天晚上，我軍一面就已占領各要點，徹夜固守，以防敵人反攻，一方面派小部隊向當面之敵作擾亂攻擊。並計劃於 19 日拂曉向仁安羌油田區之敵施行夾擊，以援助英軍突圍。」[4]

曾參與入緬遠征，時任第 5 軍新 22 師連長的邱中岳（1919-2009）在《遠征》中也詳盡敘述 4 月 18 日的拂曉攻擊：「劉放吾團長決定用第 2 營在

3　1994 年，劉放吾將軍在洛杉磯接受《世界日報》記者沈正柔專訪時講述內容。

4　〈光榮戰史從頭說　真假將軍揭謎底〉，《徵信新聞報》（臺北），1963 年 10 月 18 日，版 3。

正面牽制住敵人，自己率領團的主力，向敵軍陣地的右側背行包圍攻擊。18日拂曉，第113團弟兄，在英軍山砲隊的火力支援與戰車隊的協力下，對敵軍陣地展開攻擊。第1營官兵前仆後繼，奮不顧身地向敵人正面突進，團主力勇往直前，迂迴繞越到敵人後方的賓河渡口，扼喉撫背，包圍夾擊。午傾，敵軍潰散，涉水逃竄。午後2時，第113團肅清殘餘，據守賓河北岸與敵人對峙。」[5]

劉放吾將軍說：「當時第113團是正面迎敵。我率領第1營營長楊振漢所部在左邊，第2營營長魯廷甲的部隊緊靠在右邊，和日軍展開拚搏。第3營留作預備隊。」攻擊發起後，第2營正面拘束牽制敵軍，團長親率第1營側背打擊。劉將軍回憶的是攻擊發起時的兵力部署，邱將軍寫的是攻擊進行中的繞越包圍，是典型的步戰砲統一指揮的協同作戰。談到與他一同出生入死的官兵，劉將軍相當引以為豪，尤其是第1營營長楊振漢。他說：「楊振漢是一員勇猛的戰將，他應該獲得獎章！」

對於4月19日到20日英軍最後出圍的過程，劉放吾將軍說：「我們向敵發動猛攻，戰鬥之激烈，較之18日尤甚，直到傍晚6時，敵軍終告潰退，於是全部油田均為我軍克復，並救出英軍、美籍傳教士及記者7,000餘人。這時敵軍明知大勢已去，但少數殘敵，仍然藉據堅固建築物頑抗。因此，我即令團預備隊肅清殘敵，同時令第一線營固守要點，掩護英軍突圍。直到20日中午，英軍才從我左翼向賓河北岸完全退出。」[6]

回首4月19日激戰，劉放吾將軍追憶道：「以午前8時30分至午後1時許最為激烈。敵人曾以大隊飛機及大砲，向我部隊作猛烈反覆轟炸和砲擊；敵人步兵，在其飛機大砲掩護下，也全線向我反撲，幸賴我將士用命，前仆後繼，與敵反覆衝殺，數次肉搏，卒將頑敵擊潰。」[7]

5　邱中岳，《遠征》（臺北：作者自刊，1988年），頁225。
6　〈光榮戰史從頭說　真假將軍揭謎底〉，《微信新聞報》（臺北），1963年10月18日，版3。
7　〈光榮戰史從頭說　真假將軍揭謎底〉，《微信新聞報》（臺北），1963年10月18日，版3。

收復仁安羌油田讓第 113 團官兵得以有時間休整。劉放吾將軍說：「英軍雖已退出，但戰鬥並未完全終止。20 日午後 4 時，敵人又增援反攻，從我左翼施行包圍，敵砲同時向我團指揮所及預備隊猛烈轟擊。我當時立即指揮配屬砲兵對敵施行壓制，並令第 1 營一部截擊敵人歸路，同時全團預備隊一部施行反包圍。在我步砲協同作戰下，激戰約三小時，始將敵人完全殲滅，而原有陣地得以確保。」[8]

4 月 19 日傍晚，第 113 團救出英軍達成作戰任務，由於只有一團兵力，並未乘勝追擊。20 日凌晨，日軍第 33 師團三個聯隊全部到達戰場，集結於仁安羌南部。是日第 113 團擊潰敵軍逆襲後，遵照羅卓英 4 月 18 日所下預備命令，於 21 日凌晨利用夜暗掩護渡過賓河，會合甫抵北岸的第 112 團朝北方的喬克巴唐遲滯作戰，離開仁安羌。

劉放吾將軍還記得：「國府還把每年的 4 月 20 日，定為中國軍隊克復仁安羌解救英軍紀念日。」[9]

三、第 113 團致勝原因

仁安羌作戰是自清朝中葉以來，中國軍隊於境外首度勝仗。國軍以寡擊眾，擊敗優勢日軍解救英緬軍一個師及戰車營一部，戰勝原因為團長指揮作戰速戰速決，以奇襲出敵意表，側背打擊克敵致勝；部隊訓練精實、官兵英勇善戰；概為湖湘子弟，發揮湘軍的義勇忠誠精神等。簡析如下：

從用兵的觀點看，速度決定仁安羌作戰成敗。被圍英軍 4 月 19 日傍晚脫困後，日軍第 33 師團擔任直接追擊的荒木部隊（第 213 聯隊）、原田部隊（第 215 聯隊）分別於 19 日下午追至戰場附近，準備次晨發起攻擊。設若日軍主力提前一天趕到，或第 113 團救援作戰拖延一天，形勢將完全改觀。劉

8　〈光榮戰史從頭說　真假將軍揭謎底〉，《徵信新聞報》（臺北），1963 年 10 月 18 日，版 3。

9　1994 年，劉放吾將軍在洛杉磯接受《世界日報》記者沈正柔專訪時講述內容。

放吾於 17 日奉命替英軍解圍，獲知形勢危急，立即率部向賓河地區急進，連夜完成攻擊準備，次晨拂曉發起攻擊。此後 18、19 兩日指揮全團連續奮戰，在決戰時刻把握戰機投入預備隊，趕在日軍主力到達前完成解圍任務，英軍生死繫於一線之間。得見劉團能攻，團長劉放吾決心正確、行動快速，是此戰取勝的關鍵。印證《孫子兵法・作戰篇》：「故兵聞拙速，未睹巧之久也。」

再看 4 月 19 日的決戰，劉放吾依據 18 日最後策定方案，率團趁夜渡河迫近日軍陣地，出敵意表產生奇襲效應，於拂曉時自右翼發動攻擊，打擊敵軍薄弱部分，很快占領第一線陣地。日軍被迫增強左翼山地防禦，戰事隨後陷入膠著。劉放吾掌握到日軍弱點，奇正並用，集中兵力對日軍瞰制戰場、封堵英軍的制高點展開強攻，最終拿下 501 高地贏得戰場主動，再趁勢徹底擊潰日軍，成功解圍。

抗戰期間傷亡甚眾，募兵不易部隊缺員，後勤困難，糧秣薪餉有時供應不及，為彌補不足，上級空缺虛報的情形很普遍。一個團正式的編制應該是 1,000 餘人，而第 113 團實際參戰的人數只有 800 餘人，這也是為什麼後來許多有關仁安羌作戰的報導都說：劉團以「不足」一團的兵力，擊潰日軍 33 師團，解救英軍 7,500 餘人原因在此。

「裝備好，訓練好而且帶的都是子弟兵，加上英軍砲兵命中率高，是第 113 團在仁安羌致勝的原因。」[10] 劉放吾將軍如是分析。

劉放吾將軍說：「當時我們每排都有一挺輕機關槍並配有迫擊砲，在中國軍隊裡已經很難得；而在體力及射擊訓練上更是嚴格執行操典規定。每人每天至少跑 5,000 公尺；射擊時，不瞄準不准發，每發必中的，每三個月一次的實彈射擊成績並且記錄下來，幾乎所有官兵的命中率至少都在七成以上。」由於嚴格的體能訓練，劉將軍指出：「第 113 團官兵得以在 17 日接獲斯利姆將軍命令後立即趕赴戰場，並在 18、19 及 20 日的連續戰鬥中不眠不

---

10 〈仁安羌大捷　打得過癮〉，《世界日報》，1992 年 3 月 24 日，版 B1。

休；在日後卡薩孤軍掩護我軍及英軍撤退後，於5月底渡過清得溫江，至印度英法爾〔Imphal，英帕爾〕歸隊。」[11] 得見第113團擊敗日軍再為大軍殿後仍能保持建制，是有嚴格訓練和堅實體能做保障。

新38師由稅警團改編而成，而稅警團當年在長沙收容舊部並招收新兵，因而新38師多為湘兵。祖籍湖南桂陽的劉放吾將軍說：「我招募來的兵多是鄰里鄉親，彼此就像兄弟或父子，感情上互相扶持照顧，打起仗來也是同心同德。而當時我們練兵也採取曾國藩治湘軍的方式，官員必背誦曾、胡治兵語錄，也秉承了湘軍的義勇忠誠精神，作戰因而不怕死，仁安羌的衝鋒陷陣，就是很好的證明。」[12]

都勻練兵三年均無用武之地，因而訓練圓熟的第113團官兵，利用仁安羌作戰做了一次漂亮的展示。劉放吾將軍說：「稅警團雖歸財政部鹽政司，名義上用於緝私鹽，但是我們從來沒有擔任過緝私工作，一次都沒有，所有的嚴格訓練都為打日本鬼子，自然在仁安羌就大顯身手了，而日軍一路打勝仗養成驕氣，沒想到會敗在中國軍隊手上。這一仗可讓日軍士氣大挫。」[13]

劉放吾將軍後來去臺在鳳山練兵，受教過的官兵都記得，劉將軍總是穿著長馬靴，一手陸軍步兵操典，一手《曾胡治兵語錄》，嚴格要求，一絲不苟。執典操兵是為劉將軍的註冊標幟，致勝仁安羌便是他始終如一性格的最好體現。

四、轉戰卡薩掩護大軍撤退孤軍殿後

仁安羌作戰實際上只是新38師第113團投入戰場的開始，艱苦隨後而來。4月21日新38師奉令掩護英軍及我軍撤退，第113團還未得喘息又再置身槍林彈雨中，原以為可以稍事休息，卻又因歸第5軍軍長杜聿明指

11　〈仁安羌大捷　打得過癮〉，《世界日報》，1992年3月24日，版B1。
12　〈仁安羌大捷　打得過癮〉，《世界日報》，1992年3月24日，版B1。
13　1994年，劉放吾將軍在洛杉磯接受《世界日報》記者沈正柔專訪時講述內容。

揮，奉令掩護第5軍撤退，第113團單獨被派往卡薩占領陣地，戒備八莫（Bhamo）方向，以掩護大軍撤退。

對於卡薩轉戰至全團撤退印度歸隊，劉放吾將軍後來的親筆手稿，有非常詳細的記載：

「仁安羌」痛殲日寇記：最光榮的一團，最後離出戰場！

陸軍新卅八師第一一三團，民國卅一年春（一九四二）四月十七日晨，于緬甸巧克拍當〔喬克巴唐〕奉英軍司令史林姆〔斯利姆〕將軍親頒手令（手稿猶存），解救被困「仁安羌」英軍之圍，擊潰日軍櫻井省三中將所部之第卅三師團，萬餘人之眾，達成任務，獲得最大勝利，聲震盟邦。旋以盟軍調整戰署關係，于四月廿日晨奉令轉進，經─免揚〔Myingyan，敏建〕─廿五日抵瓦城〔曼德勒〕─南端大鐵橋附近，歸還建制，掩護盟軍大轉進，此時陸軍新卅八師已被任命為盟軍殿後軍：五月五日師部在─時威堡〔瑞保，Shwebo〕─會報時，師長為体恤一一三團官兵仁安羌作戰辛勞，「指示即免除服勤，特令其乘火車先行，並說小火車燒劈柴，行走慢比走路好，可以利用休息」，也未指示到達點。如是遵令乘火車，車行時間少，停車時間多，六日午前八時，車抵溫藻〔溫托，Wuntho〕車站，站內挤滿各型車輛，車道阻塞，全部下車，準備午湌。利用時間檢查武器裝備畢，剛進湌時，忽有長官部派來兩員少校參謀，聲言請劉團長放吾，即赴長官部杜副長官〔杜聿明〕召見，大有君命召，不俟駕而行。隨行約一英里之遙，進入林內民房中，尚屬初次晉謁，祇見杜公威而不猛，平易近人，和藹可親。見面禮畢，承蒙賜坐，隨即詢問人員和武器裝備等，甚為詳盡，旋即面諭：『八莫方向情況不明，你先率兵一營，本部汽車輸運，另配屬山砲兵一連，直赴卡薩拒止敵人渡河，嚴密搜索敵情，隨時具報，其餘部隊，由副團長率領續跟進』等諭。

　　當遵諭率領先遣營於午後二時到達卡薩，偕楊振漢營長偵察地形部署部隊，佔領陣地，構築工事，派兵一連渡河對岸，對八莫方向，搜索敵情。此時河面中流，時有稻草叢草以及樹枝帶葉，浮游漂过，但未發現其他徵候。後續部隊，亦于日夕前到齊，加強部署，待敵入網。七日卡薩地區情況，異常平靜。晚七時，杜公副長官偕同參謀護衛等人員，分乘裝甲車四輛，親臨卡薩陣地視察一週。有嘉許亦有指示，曾在河岸陣地，用望遠鏡觀察河面浮游流動物情形良久：指示『注意徵候』，計巡察時間一小時又半，安全歸去。

　　八日至九日卡薩情況雖平靜，然而大有山雨欲來風滿樓之勢。拠偵知敵主力正由八莫方向利用隱蔽草渡河而來，在我左翼陣地前兩英里處，蓄勢進犯，箭頭指向我左翼陣地。十日敵進行拂曉攻擊，經過一晝夜之激戰。此後因戰況激变，陷入重圍，與師主力失去連絡。副師長齊學啟〔1900-1945〕，奉命前來指戰，亦在激戰混亂中返部失蹤。五月十一日，午後九時許奉令由卡薩向腊八〔納巴，Naba〕、印島〔因道，Indaw〕方向撤退，敵僅以小部隊尾追，此後並無激烈戰鬥。十二日拂曉，抵印島時由卡薩上游渡河之敵，原似在截我後路，此時敵北上之先頭部隊，已到腊八車站，僅隔五英里之遙，我即兼程向品列庫〔Pinlebu〕前進。十三日午後一時，與由溫早〔溫托〕沿鉄道北上之敵遭遇扵南坑〔Naungkan〕車站，戰鬥約三小時，敵約傷亡四十員名，我団亦傷約二十餘員名。此時前有敵截，後有敵追，復有敵機一隊（三架）助戰，且敵北上之後續部隊，沿鉄路源源而來，団為避免被敵包圍計，乃轉入孟放大山之東南麓。十四日在孟放大山輾轉前進至窮山絕谷無路可走，幾經絕水絕粮，不得已，再折向北行，擬経邦毛克〔班卯克，Banmauk〕而該地早為敵所窜據。於十五日午後五時在邦毛克南八英里處，団便衣偵探組與敵騎遭遇當被擊退。是晚由邦毛克西端黑夜穿過敵之警戒綫，敵雖以機步

槍斷續向團射擊，我亦以小部隊掩護安全通過。十六日抵他易康〔Thayetkon〕途中時，遭敵機掃射與轟炸，幸無損傷。十七日抵達好要，以一晝夜之急行軍，爬過四十餘英里之滿根大山，途中雖水粮缺乏，然官兵精神之煥發與團結，尤倍於前。十九日到南麻拿，擬由他陽〔Thayung〕西，於二十日午前十一時，團先頭部隊遭遇敵於他陽東七英里之林實寺附近，未幾敵即退去，此時，團聞敵砲擊西岸唐海〔Tonhe〕尤烈，當晚擬由他陽夜渡，詎由旁濱〔Paungbyin〕沿河北上約一聯隊之敵，先團佔據他陽，再與敵黑夜遭遇，敵我机步槍頓起，相持一小時之久，團無傷亡僅搜兵被俘去一名。本可與敵一戰，連日尾追之敵雖以越滿根山而脫離，惟當面沿河岸之敵兩倍於團，復有清得溫大河阻於前，給養與藥品彈藥均告缺乏不敢久戰，乃於當晚秘密脫離敵人北向南先慶渡口前進。二十二日午後五時抵南先慶時，該地又於午前被沿河北上之敵所窰據，無機渡河。為避免敵之追截起見，利用敵夜間不敢出擊與追擊之弱點，黑夜行軍，晝則設伏以待。二十三日抵海寧，二十四日到河馬林，均先後與敵黑夜發生遭遇達四次之多，此時與師部無綫電兩天未能連絡。

　　第五軍去向不明，既不知地利人民早已迁移一空，並將大部房屋焚燬，給養無從徵發且途中飲水缺乏，而敵之追擊尤甚於前。二十五日及二十六日黑夜過拿安普雁〔Nawngpu-awng〕及南木勒卡與紀養光等據點，雖數度與敵遭遇均通過無恙。二十七日午後三時，我便探在明開英道上與一聯隊附有砲騎兵之敵遭遇，該敵並向印度難民聲言專找中國軍隊等語。團於是夜悉数由明開英徒步渡過烏有河〔Uyu River〕亦放言此行经野人山回中國，而敵之大部隊竟向北追逐。團於二十八日夜以迅速秘密之行動復回渡烏有河向南轉進，以兩夜之強行軍走七十餘英里之途程，在紀養光、南木勒卡、董知等處數遭敵襲，均以機敏行動通過未受損傷。兩三日來晝夜不敢升火，官兵僅食炒谷〔穀〕度日，然官兵

團結愈增並無落伍者，均願玉碎不為瓦全，決由海寧、南先慶之間乘機搶渡，成功成仁在所不計，並電報師部。三十日在距渡河點十二英里處之大山中，官兵各準備四公尺長大毛竹一根為渡河工具，午後十時開始搶渡。正值第三營掩護部隊渡河時，岸上敵槍忽起，由河馬林南下之汽艇（民船裝汽車馬達）進擾甚急，幸托總理在天之靈，均能安全渡過清得溫大江。三十一日在西岸收容一天，蘆葦深處無路可走，給養亦告斷絕，經一天之開路方離危境。午後一時，目睹東岸因海寧、南先慶之敵先後到達本團渡河點，對之亦無可如何。六月一日午前六時，偵知審據河馬林之敵，一部沿西岸南下，企圖截擊本團入印度道路，我團迅速加強行動。

仍繼續前行，走上光禿茅山道，無樹蔭又缺水，正值炎夏暑天，烈日當空，日晒夜露，饑渴交迫，赤痢流行，死亡載道，腐屍遍塗，尤以老弱婦孺為甚，慘不忍睹，僅見稍健男人來回搬行李、扶老弱，這些人全屬印度僑民，為避戰亂，舉家帶眷回家鄉，多遭慘死途中，純由於日本帝國主義者的罪魁禍首妄想併吞弱小民族，統一世界野心所造成。我們經過此道，如臨深履薄，蜿蜒曲折長達五英里的茅山死亡道。時近向晚，跋上標高四千多英尺的山巔，印緬分水界，極目向西望，祇見青翠林海，一遍無涯，霞光連天，大放異彩，從此走上印度國境的叢山峻嶺中。六月二日，突遭連夜雨，停止阿克隴暫作避雨休息。六月四日，值此雨天，忽有三名青壯少年，攜帶弓箭刀棒進入我宿營區，形態異于山地人，聲言射獵，被截留住。迨到第二天午前，又有類此情形者，被截住兩人，仍如前者所言，堅不吐實。經過數小時後，其中一名機警者，自行暴光，首先讚揚我們一番。『你們的官兵很能吃苦、很團結、守紀律、精神振奮，確實令人敬佩。當初認為日軍侵入境內，現已瞭解。』同時表明身份，他是英陸軍此地邊防守備軍，上尉偵探隊長賈克。『昨天留住的三人，是我的

學生，如果相信讓我們全回去，你們的食糧，我可以幫忙供應，絕無問題。』我們見此君如斯盛情豪語，有點疑信參半，祇好就計論事，來一個君子協商，謝謝他見義勇為，改決〔按：湖南鄉音「解決」〕我們食的問題。立刻放回他的四名學生，隊長暫時留住，請再幫一個忙。因幾天前黑夜搶渡更的宛大江〔清得溫江〕時，發報機淹水失靈，與上級失去連絡迄今，請隊長代為溝通，駐英坊伊姆法尔〔英帕爾〕「中國陸軍新卅八師司令部」，直至我獲得回電為止。賈隊長慷慨承諾。翌日午前有十餘名山地大漢，由賈的學生領隊，每人頭頂大蔴包一袋，計食米十二袋、大豆兩大袋，各種零星罐頭以及香煙等一大袋送來。另有司令部回電一件，由賈上尉親自交來。賈以諾言兌現，任務達成，抱着很愉快的精神，獲得我們誠心誠意致謝，道別歸去。六月七日部隊遵電續向英軍營區附近力打得前進，師長孫仲公親率吉甫車隊攜菑載糧前來接隊。見面時喜從天降，皆大歡喜。本團最後離出戰地緬甸，歸還建制。緬甸即被日寇侵佔，盟軍緬甸抗日，成為第一階段，暫時中止。[14]

　　孫立人將軍回憶：6月8日，在卡薩擔任掩護任務的第113團也在劉放吾團長率領下來到普拉村。他同時引用並記錄下第113團團長劉放吾整理的〈卡薩之役及轉進印度經過〉，茲引全文如下：

卡薩戰鬥的經過
一、五月九日下午二時，我團派出對岸搜索警戒隊（第二營第五連）發現敵人，經抵抗後撤回，敵人即向我警戒部隊施行威力搜索，我團所有部隊均進陣地，完成戰鬥準備，嚴陣以待。迄五時，敵先遣部隊從河上游渡河，襲擊我警戒陣地，展開戰鬥。七

14　劉放吾，〈「仁安羌」痛殲日寇記：最光榮的一團，最後離出戰場！〉，收入劉偉民主編，《仁安羌作戰檔案史料彙編》（臺北：政大出版社，2023年，第二版），頁567-575。

時許，敵集中各種砲火，向我沿河陣地猛烈轟擊，復以汽艇運輸大部隊強渡，企圖迫使我撤離。當晚九時至十一時，戰鬥最猛烈，我軍傷亡較重，斯時齊副師長趕抵我團部指揮所，巡視敵我狀況，指示機宜後，率領受傷官兵後撤。迄晚十二時戰況肅沈，察敵似有迂迴行動之態勢，為避免次日與敵膠著而受包圍起見，遂請示師長指示爾後行動，奉電示，向英都、旁濱方向相機撤退，此時配屬之砲兵連〔第五軍〕已奉令歸建，我團陷於孤軍奮鬥，形勢甚為不利。

二、因戰況所逼，乃決計於十日淩晨二時許，向英都方面逐步撤退，在撤退途中，又奉師部電示溫藻〔溫早〕發現敵坦克車五輛，為我一一二團擊退，此後情況日劣。

三、本團五月十一日行至南坎車站，遭遇敵人向我攻擊，為避免無謂傷亡，即轉入滿根山山麓，並以偽行動沿鐵路撤退，誘敵沿鐵路追擊。

四、五月十三日下午四時，我團抵達旁濱，此處為敵人大部隊佔據，我搜索斥候亦被俘去一名，行進受阻，乃回抵山區，十四日夜間：向北行進，穿過班毛克敵之封鎖線，我揚言向密支那方向回國。

五、我團自進入山區後，意欲橫渡清德溫江，均受敵阻，行動異常困難，被迫沿山區向北行進，在山區內糧食缺乏，地形險阻，兼之晝伏夜行，輾轉於叢林河谷之間，以求脫離。

六、五月二十二日擬由河馬林渡河，此處亦為敵人佔據，幾於無路可行，乃涉烏有河，不幸無線電臺落入江中，通訊發生問題，與師部失去聯絡，全團官兵萬分焦急，三日後電臺修復，二十五日晚與師部取得聯絡，大家歡欣鼓舞，信心倍增，復奉師長指示，轉回南先慶，設法渡河。

南先慶渡河準備

一、五月二十八日，率領全團官兵，轉向西南前進，經一晝夜奔

走，於三十日上午抵達南先慶東方約十公里處之森林內。該處毛竹甚多，即召開連長以上團務會議，指示渡河注意事宜，並派遣便衣軍官三組，分赴南先慶，偵察敵情、地形及渡河點。

二、通知各營連準備渡河器材，每人必須準備毛竹一根，以六人為一組，並以最長於游泳人員為組長。

三、指定第八、九兩連先至南先慶占領要點，擔任警戒，第八連對渡河點下游方向擔任警戒，第九連對渡河點上游擔任警戒，掩護全團渡河，俟全團渡河完成後，迅速渡河跟進。

四、班長以上各級幹部，每人必繪要圖一份，渡河後即向指定目標前進，官兵不分彼此，士兵向官長集合，服從指揮，一致向指定目標地區集結歸隊。

五、大家要抱定不成功便成仁的決心，生死關頭，在此一舉，團務會議結束後，即將渡河時間報告師長。

六、各連營準備完成後，待命出發，此時便衣隊回來報告，南先慶並無敵情，遂令八、九兩連即出發，占領要點，擔任警戒，各營、連預先派遣聯絡人員至渡河點，偵察集結地區，捆紮竹筏地點，以免到達河場發生紛亂。

七、各單位務須於黃昏前進入集結地區，完成渡河準備，並定於六時三十分開始渡河。

渡河經過

一、各單位均能遵照規定時間，完成渡河準備工作，六時三十分，第一營先遣部隊開始渡河，一切尚稱順利，各部隊相繼渡河，惟第二營機槍連因竹筏被水推翻，重機槍數挺遺落水中，人員亦淹沒十餘人。

二、延至深夜二時許，全團所有部隊人員先後到達指定地區集結，根據各營、連報，被淹沒官兵共計三十餘人，輕重機槍損失數挺，此為本團自入緬甸作戰以來最大的一次損失。

三、六月一日黎明，又發現敵人抵達渡河地點南先慶，向我襲

擊，八時三十分，敵機亦臨空偵察，同時據報一股約千餘人日本軍隊本日下午二時可抵達我團渡河集結地區，要切斷我軍歸路，此時本團官兵，盡一切努力，不顧饑寒與疲憊，即向印緬交界大山挺進，脫離敵人，避免跟蹤追擊。當我團進入印緬交界之大山嶺俯視集結地區，發現敵人在焚燒民房。

轉進印度

我團進入印緬交界大山之後，略加整頓，並派出數個小組向英法爾〔英帕爾〕急進，與師長取得聯絡，部隊則受傾盆大雨之苦，攀山越嶺，忍飢挨餓，當時因遷就病患，難於行動，只能徒步向印度前進。斯時由緬甸逃向印度之難民，因沿路霍亂盛行，橫屍遍野，道路為之阻塞，情形之慘，目不忍睹。我全團官兵，雖遭此艱危，猶能與環境掙扎，而不為病魔所困擾者幾希，適時師長派人迎接傷患，使免遭重大死亡。

結論

緬懷當年與敵搏鬥於天時、地利、人和均不利於我，而能與之抗衡者，今已泰半天命之年，大抵兩袖清風，一肩明月，且無適當之工作，人人苦於生計，撫今追昔，歷歷如繪，言猶在耳，啼笑皆非。惟我武維揚，威鎮鄰疆，足寒敵膽，遠播他邦，大震軍威於燕南羌〔仁安羌〕，開歷史之先河，為國爭光，功在社稷，無遠弗知，雖苦猶樂，甘之如飴，本人〔按：指劉放吾團長〕置身其間，尤以本團首當其衝，亦有幸矣。[15]

15　劉偉民，《劉放吾將軍與緬甸仁安羌大捷》（香港：今日出版社，2007年，第四版），頁51-55。

第四章
澄清歷史

一、劉放吾團長率兵先行

遠征軍入緬作戰，原已劃定作戰區域，指明仰曼鐵路以西歸英軍防守，以東由國軍第 5 軍負責，含曼德勒以南至同古間的鐵路，以北則由中英兩軍共同負責。第 66 軍於入緬後擔負東翼至泰緬邊境守備，其新編第 38 師在第 5 軍之後輸送入緬，任第 5、第 6 兩軍後方連絡線之維持（師長孫立人奉命任曼德勒衛戍司令）。[1] 為中英聯盟作戰，中國協防緬甸的初始態勢。

1942 年春，日軍從緬甸南部的泰緬邊境入侵，英軍於毛淡棉失守，錫唐河（Sittaung River）敗戰，棄守仰光，全面後撤，向仰曼鐵路以西轉移兵力。其英緬第 1 師沿普羅美－馬格威－仁安羌方向退卻。沿途受到日軍第 33 師團尾躡急追，襲擊攔截配合空中攻擊，情況危急。

「國防部史政編譯局」（以下稱史編局）的戰史記載，4 月 14 日晨 2 時，英緬軍總司令亞歷山大面告我候騰代表說明英軍垂危情形，要求我軍迅予援助。17 時，遠征軍第 1 路司令長官羅卓英，乃令新編第 38 師第 113 團，由該師副師長齊學啟率領赴喬克巴唐，歸英緬軍第 1 軍團軍團長（以下比照國軍相對職務稱軍長）斯利姆指揮。15 日，亞歷山大尚感我一團兵力不足，要求增派援軍。我允即派新 38 師兩團，以一團至納特曼克

---

1 國防部史政編譯局編，《抗日戰史：滇緬路之作戰》（臺北：國防部史政編譯局，1982 年，再版），頁 18。

（Natmauk），以一團至喬克巴唐，援助該方面英軍，第 113 團於 16 日到達喬克巴唐，第 112 團於 17 日到達納特曼克，先後到達各該指定地點。[2]

據孫立人將軍侄兒孫克剛（1912-1967）所著《緬甸蕩寇志》記載：

> 四月十四日，由於英軍第一師放棄馬格威，改守仁安羌，引起盟
> 軍右翼的嚴重局面。新三十八師的一一二團和一一三團先後奉命
> 由副師長齊學啟將軍率領，開往納特曼克與喬克巴唐兩地佈防，
> 負責支援英軍和掩護正面國軍的側背，曼德勒衛戍的任務，只
> 留下一一四團的兩個營擔任。至於一一四團的第一營仍然留在臘
> 戍，擔任飛機場的警戒任務。[3]

史編局的戰史指稱齊副師長率第 113 團到喬克巴唐受英軍指揮；《緬甸蕩寇志》則指齊副師長率兩團策應前線作戰，兩者的責任與執行方式截然不同。率一個團由英軍指揮，到達喬克巴唐以後，聽命於斯利姆即可。率兩個團分駐兩地，「策應」前線作戰，則為全權負責，關照兩地。兩個團可以集中使用，也可以分散配置，視敵情發展而決定。惟戰時的任務付予必須明確，史編局戰史所載與負責派遣兵力的孫將軍說法不同，且予釐清。

新 38 師傳統上有戰時正副主官不得同時離開指揮所的規定，一在前方督戰，一在指揮所掌握全般狀況，國軍到現在仍然遵行這項規定。據孫立人回憶：

> 上級指定由齊副師長率領第 113 團增援英軍時，他打電話向羅卓英
> 申訴意見。可否由本師長親自帶第 113 團去增援，但在電話中遭
> 到拒絕。眼看情形救兵如救火，只有叫 113 團連夜先行出發，我本
> 人決心到指揮部請求親自率領，讓齊副師長留守曼城〔曼德勒〕。[4]

2　國防部史政編譯局編，《抗日戰史：滇緬路之作戰》（臺北：國防部史政編譯局，1982
　　年，再版），頁 67。

3　孫克剛，《緬甸蕩寇志》（上海：時代圖書公司，1946 年，再版），頁 7-8。

4　劉偉民，《劉放吾將軍與緬甸仁安羌大捷》（香港：今日出版社，2007 年，第四版），頁

　　4月17日夜孫將軍趕到遠征軍指揮部，由參謀長楊業孔（1914-?）接見，轉達司令長官並不同意所請。孫將軍一再申覆意見均不得允，仍自行前往，於18日晨8時趕至前線。[5]

　　齊副師長是否率第113團先行，經查證仁安羌戰鬥詳報，第113團於16日午後4時到達喬克巴唐，4月17日上午11時，斯利姆將軍面交團長劉放吾救援英軍的親筆手令，齊副師長應該在場瞭解任務，協調作戰要項，但始終沒有出現，均由劉團長對應處置。18日晨，第113團準備發起攻擊時，孫將軍隨同斯利姆軍長前往視導部隊，並由孫將軍親自翻譯。齊副師長如果在場，應該陪同視導並由他翻譯（孫師長和齊副師長都曾在美國深造），而當時的陪同者仍然是劉團長。18、19兩天，第113團在仁安羌激戰救出英軍，4月20日的局部戰鬥及敵我對峙，直至退出戰場，都沒有見到記載齊副師長事宜的資料。如果他率領第113團參加仁安羌作戰，不可能毫無消息。以孫立人將軍的回憶，齊副師長並未領軍出發，劉放吾團長率兵先行。

　　至於齊副師長的動向，遠征軍派出的兩團，一在納特曼克，一在喬克巴唐，蔣中正同意增援英軍，並具報，[6]在執行上就有彈性。英軍屢次不戰而退，造成第5軍的側翼受威脅。孫立人表示，遠征軍以一團受英軍指揮，一團受第5軍指揮。[7]派到喬克巴唐的第113團支援英緬第1師直接受斯利姆指揮。派到納特曼克的第112團受第5軍指揮以掩護側翼，並兼顧援助該方面的英印第17師作戰。第112團雖然受第5軍指揮，也隨時可能改由斯利姆或英印第17師指揮。為便於協調連繫，所以第112團派駐納特曼克時，

88。

5　孫立人講述，沈敬庸編輯，《中國軍魂：孫立人將軍鳳山練軍實錄》（臺北：臺灣學生書局，2013年），頁547；沈克勤編著，《孫立人傳》，上冊（臺北：臺灣學生書局，2005年），頁145-146。

6　國防部史政編譯局編，《抗日戰史：滇緬路之作戰》（臺北：國防部史政編譯局，1982年，再版），頁67。

7　孫立人講述，沈敬庸編輯，《中國軍魂：孫立人將軍鳳山練軍實錄》（臺北：臺灣學生書局，2013年），頁546。

即由齊副師長率領前往，以便於策應前線作戰。

二、第 113 團獨力奮戰

新 38 師參謀長何鈞衡在〈轉戰中印緬戰區的新編第三十八師〉一文中，敘述遠征軍進軍緬甸仁安羌解英軍之圍時提及：

> 四月中旬，緬甸南方盟軍作戰不利，其右翼由仰光向後節節撤退；在伊洛瓦底江左岸仁安羌地區，英緬第一師及裝甲第七旅，被日軍第三十三師團包圍，很難脫險，英方向中國遠征軍求救，我方決定派遣新編第三十八師前往解圍。我奉命與英軍軍團長斯利姆中將聯絡。此時我師之步兵第一一四團（欠步兵一營，該營在臘戍留下為中國遠征軍參謀團衛隊，以後即隨參謀團直接退回國內）為第 5 軍的預備隊。因此，只以步兵團一一二、一一三團及直屬部隊向仁安羌前進。我師決計迅速進抵仁安羌附近地區，利用陰蔽，部署軍隊，奇襲敵軍，以救出英軍。師以第一一二團居左翼，並以一部包圍敵人；以第一一三團居正面，直攻包圍英軍之敵。翌日拂曉開始攻擊，出敵不意，當將包圍英軍之敵第三十三師團先頭部隊擊潰，敵死傷甚多。我乘勝追擊二十餘里，英緬軍第一師及裝甲第七旅共七千餘人，輜重車百餘輛，以及武器彈藥等全部得以救出。這是我遠征軍參加國際聯合作戰以來取得的第一次有名的仁安羌勝利的戰鬥。[8]

師參謀長為全師最進入狀況的幕僚長，所留下的記事常被視為第一手資料。他以在仁安羌作戰時期，負責與斯利姆聯絡兵力支援事項的回顧，指當

8　何鈞衡，〈轉戰中印緬戰區的新編第三十八師〉，收入中國人民政治協商會議全國委員會文史資料研究委員會《遠征印緬抗戰》編審組編，《原國民黨將領抗日戰爭親歷記：遠征印緬抗戰》（北京：中國文史出版社，1990 年），頁 142。

時第 112、第 113 團及直屬部隊向仁安羌前進，師以兩個團實施拂曉攻擊，奇襲敵軍救出英軍，乘勝追擊 20 餘里。直屬部隊也到了，那就是師長親臨指揮的意思。此文所述不符史實，會誤導參戰部隊是兩個團，真相必須釐清。當時「陸軍新編第 38 師戰時行動報告表」4 月 1 日至 28 日的紀錄，為最貼近作戰時間的記錄，記載事項如次：

> 4 月 15 日，奉令由曼城〔曼德勒〕即派兩團兵力，乘汽車及火車各以一團向納特莫克〔納特曼克〕Natmauk、喬克巴唐〔喬克巴唐〕Kyaukpadaung 兩地推進。16 日午後，第 112、113 兩團各分別到達防地。是時英軍第 1 師被圍情況緊迫，駐喬克巴唐〔喬克巴唐〕之第 113 團團長劉放吾奉英方令派，於 17 日率部兼程趕赴燕南羌〔仁安羌〕Yenangyan 附近援救，師長亦於是日趕赴前方指揮，於 18 日拂曉，向燕南羌〔仁安羌〕之敵猛攻，經三晝夜之戰，克復燕南羌〔仁安羌〕全部油田，被圍之英軍第 1 師全部七千餘人，附砲騎兵唐〔坦〕克車輜重馬匹等，全部救出，敵向南退卻。20 日，師部及直屬部隊與 112 團亦分別由曼城〔曼德勒〕、納特莫克開赴該地。[9]

這份行動報告表指出：英軍被圍時，由駐喬克巴唐的第 113 團團長劉放吾奉英方令派，於 4 月 17 日前往救援。英軍全部救出後，20 日第 112 團到達。依史編局所編《抗日戰史：滇緬路之作戰》的記載：19 日第 113 已經擊潰日軍，救出英軍 7,000 餘人。[10] 這兩份資料對照看，第 113 團 17 日奉命救援英軍，19 日達成任務，因此 20 日第 112 團從納特莫克開赴該地時，解圍作戰已經結束，並未參戰。

仁安羌戰鬥詳報也證實第 112 團於 4 月 20 日才到達作戰地區，並在第

9　「陸軍新編第三十八師戰時行動報告表」，劉偉民藏。
10　國防部史政編譯局編，《抗日戰史：滇緬路之作戰》（臺北：國防部史政編譯局，1982年，再版），頁 70。

一號總表的附記欄中清楚列出仁安羌作戰的參戰部隊：一、實際參加與敵激
戰之人員，只有第113團之1,000餘員（實際上約800餘員）；二、第112
團及師直屬部隊，於4月20日趕到但未參加戰鬥。[11]

從「陸軍新編第38師戰時行動報告表」、史編局的戰史及新38師仁安
羌戰鬥詳報三份資料，都證明何鈞衡寫下仁安羌作戰時，新38師以兩個團
發起攻擊為不實記載。若仁安羌作戰果真以兩個團的攻擊取得勝利，何以前
述孫立人呈報羅卓英，據以致電蔣中正，傳遞仁安羌捷報時，參戰部隊僅舉
第113團一個團。

戰後敘獎，團長僅有劉放吾授予六等雲麾勳章乙座，其他獲獎或表揚
人員，包括在數百公里外留守曼德勒並未參戰的參謀長都記大功乙次。[12]而
所指在前方擔任主攻，斃敵甚眾，乘勝追擊20餘里的第112團團長陳鳴人
（1910-1984），卻連記功都沒有，正因為他沒有參戰。[13]

仁安羌戰鬥詳報另記載，新38師於仁安羌作戰結束後，敵軍強大部隊
到達，決心與敵決戰。於4月20日24時下達以兩個團發起攻擊的命令：

> 入夜，據劉團長報稱，敵以多數汽車輸送部隊大量增援中，我
> 一一二團亦已到達拼牆河〔賓河〕北岸。師長據報後，以該團到
> 達具有必勝之把握，遂詳細計劃以該團為主力，決心於明〔21〕
> 日拂曉施行果敢之攻擊，向敵右翼包圍斷其後路，期壓迫敵於依
> 洛瓦底江東岸一舉而殲滅之，當給予各部如左之命令：[14]

---

11 「陸軍新編第三十八師燕南羌戰鬥詳報第一號總表」，收入「第一次燕南羌戰鬥詳報（自
　　四月十六日至二十一日由燕南羌至貴酉）」，〈新編第三十八師緬甸戰役戰鬥詳報〉，《國
　　防部史政局和戰史編纂委員會》，中國第二歷史檔案館藏，檔號：787-11655，頁42。

12 何鈞衡，〈轉戰中印緬戰區的新編第三十八師〉，收入中國人民政治協商會議全國委員
　　會文史資料研究委員會《遠征印緬抗戰》編審組編，《原國民黨將領抗日戰爭親歷記：
　　遠征印緬抗戰》（北京：中國文史出版社，1990年），頁142。

13 〈再探中國遠征軍仁安羌戰鬥詳報暨第113團替英軍解圍〉，張鑄勳主編，《中國遠征軍
　　滇緬路之作戰》（臺北：政大出版社，2022年），頁119-120。

14 「第一次燕南羌戰鬥詳報（自四月十六日至二十一日由燕南羌至貴酉）」，〈新編第
　　三十八師緬甸戰役戰鬥詳報〉，《國防部史政局及戰史編纂委員會》，中國第二歷史檔案

上述命令的兵力部署概要：

一、敵大量增援，似有明日拂曉攻擊之企圖。

二、本師以擊破該敵之目的，本晚即利用夜暗將部隊向前推進（指剛到達的第 112 團），明晨拂曉前展開賓河南岸第 113 團陣地左翼亘油田區之線，保持主力於左翼，將重點指向敵之右側背，壓迫敵於依洛瓦底江東岸地區而殲滅之。

三、第 113 團為右翼隊，仍在原陣地利用地形以猛烈火力牽制敵人協同主力攻擊。

四、第 112 團（欠第 1 營）為左翼隊，即利用夜晚向前推進，明日拂曉前展於賓河右（南）岸之線，即以主火力指向敵之背後，包圍敵人而殲滅之。

五、第 112 團第 1 營為師之預備隊，位置於左翼隊後方。

六、砲兵應於明日拂曉前完成戰鬥準備，以火力協同左翼隊之戰鬥，以一部協同右翼隊之戰鬥。[15]

　　4 月 20 日 24 時下達的這則攻擊命令，準備於 21 日拂曉實施，以第 112、第 113 兩個團發起攻擊，與日軍主力決戰，是在 19 日英軍已經救出，仁安羌作戰結束以後的事。按照規定不得納入仁安羌戰鬥詳報的記事範圍，何況是一則經過考證後，確認在戰後彙整戰鬥詳報時，另外編造添加進去的攻擊命令。

　　實際上英軍救出以後，仁安羌附近只有短暫的局部戰鬥，不曾發生攻防作戰。4 月 20 日新 38 師策訂的是撤退計畫。[16] 經查，4 月 18 日下午 3 時，羅卓英接獲我軍派駐英方連絡參謀報稱，英軍毫無戰力，正全面後撤中，日

　　　館藏，檔號：787-11655，頁 31。

15 「第一次燕南羌戰鬥詳報（自四月十六日至二十一日由燕南羌至貴西）」，〈新編第三十八師緬甸戰役戰鬥詳報〉，《國防部史政局及戰史編纂委員會》，中國第二歷史檔案館藏，檔號：787-11655，頁 31-32。

16 「第一一三團，於明（二十一）日晨開始撤退。」參見國防部史政編譯局編，《抗日戰史：滇緬路之作戰》（臺北：國防部史政編役局，1982 年，再版），頁 72。

軍則積極北進，造成遠征軍側背受威脅。乃令第 5 軍放棄原本策訂的平滿納會戰計畫，限翌（19）日拂曉以前開始轉進，撤退到曼德勒再實施會戰。另有不足一師之敵，刻沿伊洛瓦底江北進，其先頭向喬克巴唐方面前進中。遂令新編第 38 師派出之兩團，應逐漸向喬克巴唐合力遲滯敵人。[17] 18 日第 113 團正在攻擊賓河北岸的日軍，19 日在南岸與日軍第 214 聯隊決戰替英軍解圍，直到 20 日方能執行羅卓英的撤退命令。另外，斯利姆回憶錄也指出孫立人預測 21 日拂曉日軍將大舉反擊，準備退回賓河，他表示同意。[18] 何況 20 日，日軍主力已經到達戰場，敵我戰力懸殊，師長孫立人不可能只因為第 112 團的到達，而求敵決戰，更何況解救英軍的任務已經達成，更無求敵決戰之必要，戰敗則可能脫離戰場困難而全軍覆沒。20 日，第 112 團及師指揮所、直屬部隊到達，於是新 38 師利用夜暗掩護脫離戰場，向喬克巴唐轉進。可以確定 20 日午後只下達一則撤退命令，沒有攻擊命令。這則命令是在戰後彙整仁安羌戰鬥詳報時，另外添加的資料。[19] 參謀長何鈞衡提到仁安羌之戰新 38 師以第 112、第 113 團兩個團參戰，第 112 團為左翼，將重點指向敵之右側背，第 113 團為右翼，仍在原陣地以猛烈火力牽制敵人協同主力攻擊，純屬捏造。

　　師參謀長多年後的回憶，和當時仁安羌戰鬥詳報的記載，為何需要寫下以兩個團發動攻擊的命令？依據陸軍野戰準則《步兵團》第 048 條「團長職責」指出：「團長負團一切成敗的全責。負責全團的政戰、統馭、訓練、作戰指揮、行政補給。」[20] 國軍參加仁安羌作戰的部隊只有第 113 團，稱師長指揮終究有違準則規定，也不合平時訓練與戰時指揮的實際運作。難免顧慮

17　國防部史政編譯局編，《抗日戰史：滇緬路之作戰》（臺北：國防部史政編譯局，1982年，再版），頁 53。

18　William Slim, *Defeat into Victory* (London: Cassell and Company, Ltd., 1956), p. 72.

19　張鑄勳，〈中國遠征軍「仁安羌戰鬥詳報」的考證：兼論國軍第一一三團替英軍解圍〉，收入張鑄勳、阮大仁等合著，《一號作戰暨戰後東亞局勢的影響》（臺北：學生書局，2019 年），頁 205。

20　步兵研究發展室編訂，〈指揮〉，《步兵團（民國五十七年六月三十日修訂）》（桃園：陸軍總司令部，1968 年），頁 69，第 048 條「團長職責」。

仁安羌戰鬥詳報解密後或終將受到質疑，因此增列兩個團攻擊的命令，以迎合由師長指揮的說法。檢視仁安羌作戰時期，從未以兩個團實施攻擊。據軍委會緬甸戰役作戰經過詳報（1942 年 4 月）記載：「新卅八師之 113 團，以一團兵力，赴援英軍，竟能于短時間內，適應情況，以最勇敢之精神，及最積極之行動，即行攻擊，立解彥南陽〔仁安羌〕之圍，救出英軍七千餘人，及輜重車百餘輛，實為緬甸全战役中最光榮的一頁。」[21] 故解救英軍免於被殲滅的命運，只有第 113 團獨立奮戰。

三、史實謬誤其來有自

仁安羌作戰，圍繞到底是由師長孫立人還是團長劉放吾指揮，爭議達數十年，成為抗日戰史研究中一個非常特別的案例。

師長指揮說，源自 1942 年盟軍第一次緬甸作戰失利後，中國入緬軍隊一部分撤回國內，而新 38 師則撤到時英屬殖民地的印度重整。8 月間，國民政府軍事委員會指示入緬遠征軍各部以軍、師等為單位，編寫各自行動報告以存檔。[22]

新 38 師即由師司令部負責編寫本單位戰報，完成〈第六十六軍新編第三十八師緬甸戰役戰鬥詳報〉，內容涵蓋新 38 師自 1942 年 4 月入緬到退至印度，再於 7 月 23 日奉命赴印度比哈爾邦蘭伽整訓為止的全部經過，呈報給軍委會作為新 38 師戰報檔案存檔。其中記錄仁安羌作戰的「第一次燕南羌戰鬥詳報（自四月十六日至二十一日由燕南羌至貴西）」，開篇除概括介

---

21 「緬甸戰役作戰經過詳報」（1942 年 4 月），〈《緬甸戰役作戰經過及失敗原因與各部優劣評判報告書》第二冊〉，《國防部史政局及戰史編纂委員會》，中國第二歷史檔案館藏，檔號：787-11536。

22 第一次緬甸作戰失利後，軍事委員會要求入緬各部及砲兵直屬隊以軍、師和本部為單位，分別彙集整理入緬作戰及撤退經過詳報上呈軍委會，總結經驗得失。例如第 5 軍第 96 師師長余韶上報第 96 師戰鬥詳報時間為 1942 年 9 月，其他各單位彙報時間約在此時期左右。參見中國第二歷史檔案館編，《滇緬抗戰檔案》，上冊（北京：中國文史出版社，2019），頁 159。

紹英軍被圍、團長劉放吾接到英緬第 1 軍軍長斯利姆求援手令前往開展部署救援，便直敘師長孫立人趕來親自指揮，而後記載主要聚焦於孫立人如何發布命令指揮行動，顯示戰事由師長指揮。23

抗戰勝利後，孫立人將軍之侄孫克剛（時任新 38 師政治部副主任）於 1946 年 3 月出版《緬甸蕩寇志》一書，24 孫克剛並未親身參與仁安羌作戰，卻自稱該書「拿歷史學的眼光來看，應該算是原始材料」。25 文中除英軍被圍時間被不明不白的前移了兩日，全篇都不見團長的角色，而仁安羌作戰是一個團打的，讓人懷疑團長到哪裡去了。其所述內容與仁安羌戰鬥詳報基本一致，即仁安羌作戰完全由師長孫立人指揮，內容諸多演繹，成為以訛傳訛，混淆真相的源頭。《緬甸蕩寇志》初版發行 3 萬冊很快銷完，半年後再版 3 萬冊。這是記錄遠征軍戰史的第一部書籍，在那個資訊封閉，民智未開的時代，影響甚大。

1955 年，孫立人因「兵變」事件被軟禁 33 年。人們因孫將軍對抗戰的貢獻，普遍同情其遭遇，過去相當長一段時間，官方和史學界編撰仁安羌作戰相關戰史都以仁安羌戰鬥詳報作為第一手資料，沒有人懷疑內容不實，加上《緬甸蕩寇志》廣泛宣傳與影響，各種專書論文、老兵訪談等都以此為本而指此戰為師長孫立人指揮。

劉放吾本人則歷經坎坷困頓，隨國民政府遷臺後隱姓埋名，一度靠製售煤球維持家計。直到 1963 年香港爆發轟動兩岸三地的「冒牌將軍案」，在媒體記者追蹤下，「第一次燕南羌戰鬥詳報（自四月十六日至二十一日由燕南羌至貴西）」鮮為人知的一面方被披露，劉放吾當年指揮第 113 團解救英軍的英雄事蹟浮出水面，一直保留在身邊的斯利姆當年交給他的親筆救援手

---

23 「第一次燕南羌戰鬥詳報（自四月十六日至二十一日由燕南羌至貴西）」，〈新編第三十八師緬甸戰役戰鬥詳報〉，《國防部史政局及戰史編纂委員會》，中國第二歷史檔案館藏，檔號：787-11655，頁 25-46。

24 孫克剛，《緬甸蕩寇志》（上海：時代圖書公司，1946 年 3 月 1 日初版，9 月 20 日再版）。

25 孫克剛，〈前言〉，《緬甸蕩寇志》（上海：時代圖書公司，1946 年再版），頁 2。

令，以及在仁安羌作戰中擄獲的日軍旗幟等證物原件首次公開。[26]

1992 年 4 月，仁安羌大捷 50 週年前夕，英國前首相柴契爾夫人在美國芝加哥親自會見劉放吾將軍，代表英國政府和人民感謝他當年率部拯救 7 千多英軍以及其他人的生命。同年 6 月 10 日，時任英國國防部長的芮夫金代表英國官方正式致函劉放吾將軍致謝，肯定了仁安羌作戰這段戰史，也肯定了劉放吾團長及其率領的中國遠征軍第 113 團，對第二次世界大戰所做出的重大貢獻。

回溯 1942 年 4 月 17 日中午 11 時，劉放吾接到斯利姆面交親筆求援手令，經以無線電向曼德勒師司令部確認受英方指揮關係無誤後，即率第 113 團自喬克巴唐前派駐地趕往仁安羌賓河北岸實施救援。孫立人接到劉放吾報告後，便打電話請示遠征軍司令長官羅卓英，欲親往前線，因孫立人戍守曼德勒係蔣中正親自面命，新 38 師駐防曼德勒任務是作為平滿納會戰總預備隊，羅卓英不可能同意他前往，而孫立人仍執意要去瓢背遠征軍前進指揮部，欲面見羅卓英再爭取。待他趕到瓢背時，由參謀長楊業孔代為接見告以長官不准（按：參謀長無權決定師長離開防區），[27] 孫立人與楊業孔爭辯至凌晨 4 時，[28] 最後抗命從瓢背自行前往仁安羌。

就指揮關係而言，孫立人未得核准而來，其身分仍是曼德勒衛戍司令，對第 113 團沒有指揮權，也不受斯利姆指揮。國軍在仁安羌作戰的部隊只有第 113 團一個團，依據團級部隊作戰準則，戰事實由團長劉放吾指揮。孫立人在仁安羌作戰時期，主要發揮對斯利姆提供建議、協調中英兩軍行動的功能，若獲得斯利姆授權，可到前方督導第 113 團作戰，其性質為指導或

---

26 〈光榮戰史從頭說 真假將軍揭謎底〉，《徵信新聞報》（臺北），1963 年 10 月 18 日，版 3。

27 孫立人講述，沈敬庸編輯，《中國軍魂：孫立人將軍鳳山練軍實錄》（臺北：臺灣學生書局，2013 年），頁 547。

28 「第一次燕南羌戰鬥詳報（自四月十六日至二十一日由燕南羌至貴酉）」，〈新編第三十八師緬甸戰役戰鬥詳報〉，《國防部史政局及戰史編纂委員會》，中國第二歷史檔案館藏，檔號：787-11655，頁 27。

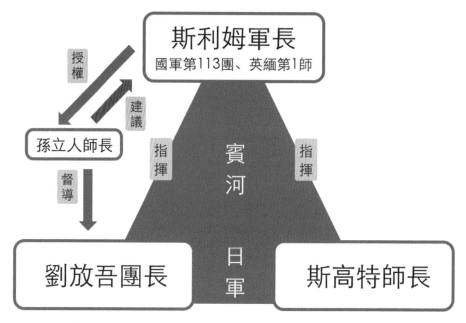

圖 12：仁安羌戰場指揮關係圖
資料來源：張鑄勳提供。

督戰，不是指揮。（圖 12）如果孫立人也指揮劉放吾，將和斯利姆形成雙頭馬車的指揮關係，軍隊不可能出現這種亂象。若斯利姆指揮孫立人，再由他指揮劉放吾，則疊床架屋，可能逸失稍縱即逝的戰機。無論雙頭馬車或疊床架屋，都違反權責統一、明確迅速的指揮原則。仁安羌戰鬥詳報指師長「由曼德勒星夜趕到，親自指揮」，[29] 與史實不符。[30] 仁安羌作戰的指揮關係，與聯盟作戰，與部隊編配，都有關係。「指導」與「指揮」截然有別，不宜混淆，很多人認為在戰場上階級或職務最高的就是指揮官，係出於誤解。近年

---

29 「第一次燕南羌戰鬥詳報（自四月十六日至二十一日由燕南羌至貴酉）」，〈新編第三十八師緬甸戰役戰鬥詳報〉，《國防部史政局和戰史編纂委員會》，中國第二歷史檔案館藏，檔號：787-11655，頁 26。

30 張鑄勳，〈中國遠征軍「仁安羌戰鬥詳報」的考證：兼論國軍第一一三團替英軍解圍〉，收入張鑄勳、阮大仁等合著，《一號作戰暨戰後東亞局勢的影響》（臺北：臺灣學生書局，2019 年），頁 176-184。

圖13：陸軍新編第三十八師燕南羌戰鬥詳報第一號總表

資料來源：「第一次燕南羌戰鬥詳報（自四月十六日至二十一日由燕南羌至貴酉）」，〈新編第三十八師緬甸戰役戰鬥詳報〉，《國防部史政局和戰史編纂委員會》，中國第二歷史檔案館藏，檔號：787-11655，頁42。

來隨著中國遠征軍戰史在海峽兩岸升溫，仁安羌大捷這段歷史引起各方重視，經由專家學者深入探尋研究，仁安羌戰鬥詳報所載內容已被證實以「不實居多」。

仁安羌戰鬥詳報最後所增列「陸軍新編第三十八師燕南羌戰鬥詳報總表」，第一號總表是統計人員傷亡數字（圖13），第二號總表記載鹵獲戰利品的項量（圖14），第三號總表詳列武器損耗狀況（圖15），均為戰後檢討應呈報的基本資料。而上述各表都把實際不曾參與解圍戰鬥的第112團與第113團一同並列，並在總表上多列計作戰時間4天，將仁安羌之戰計算到4月24日止。顯然新38師的參謀人員編撰仁安羌戰鬥詳報時，慮及只有一個團在作戰，記載由師長直接指揮，終將受到質疑。故再額外增加一則虛構的使用兩個團攻擊的命令，包括並未執行，應屬作廢的「仁安羌以南攻擊展開計畫要圖」，並加添了戰後四天至4月24日與「仁安羌作戰」無關的兩團資料收錄進總表以存檔，形成一份完整的戰場紀事。若不詳細查考，輕易就成了仁安羌作戰由師長指揮的有力史證。

近年保存蔣中正日記手稿原件的美國史丹福大學胡佛研究所圖書檔案館（Hoover Institution and Library and Archives, Stanford University），正式公開塵

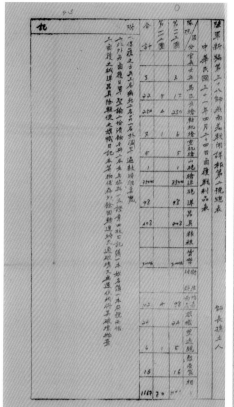
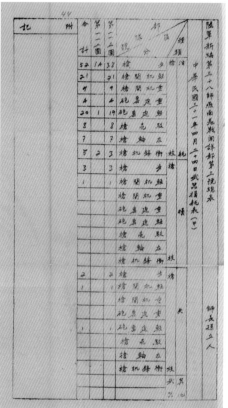

圖14：陸軍新編第三十八師燕南羌戰鬥詳報第二號總表

資料來源：「第一次燕南羌戰鬥詳報（自四月十六日至二十一日由燕南羌至貴酉）」，〈新編第三十八師緬甸戰役戰鬥詳報〉，《國防部史政局和戰史編纂委員會》，中國第二歷史檔案館藏，檔號：787-11655，頁43。

圖15：陸軍新編第三十八師燕南羌戰鬥詳報第三號總表

資料來源：「第一次燕南羌戰鬥詳報（自四月十六日至二十一日由燕南羌至貴酉）」，〈新編第三十八師緬甸戰役戰鬥詳報〉，《國防部史政局和戰史編纂委員會》，中國第二歷史檔案館藏，檔號：787-11655，頁44。

封多年作為機密檔案存檔的蔣中正1917至1972年間日記供研究者查閱。從公開的蔣中正日記手稿中，發現可澄清這段歷史真相的關鍵證據：蔣中正當年曾記下比仁安羌戰鬥詳報更早、更具權威的仁安羌作戰原始記錄。參閱日記相關內容及與之關聯的往來電文，還原當時1942年4月20日上午，羅卓

英去電將仁安羌戰況轉報蔣中正知曉。[31] 這封電文顯示劉放吾指揮第 113 團經兩日激戰擊潰日軍達成解圍任務後，師長孫立人立即（孫師長皓未〔4 月 19 日午後 3 時許〕報稱）便將劉團戰果上報給長官羅卓英，次日上午羅卓英再報告蔣中正知曉。

　　到 4 月 20 日下午，軍令部次長兼軍事委員會滇緬參謀團團長林蔚，將仁安羌戰況核實後再詳報給蔣中正。蔣中正經這兩封前方匯報密電，瞭解清楚仁安羌戰事具體情況後，遂在當天日記中特別記下：

> 我新卅八師孫立人之劉團在葉南陽〔仁安羌〕油田中心擊退敵軍，救出英緬軍七千人之多，葉南陽〔仁安羌〕亦得克復，此實可慰之事，經此一戰，敵或不敢向我右翼放肆如昔者矣，此乃緬戰轉勝之機乎。……
> 預定一、電獎劉團長。……[32]

　　4 月 21 日上午，蔣中正便處理昨日預定待辦要務，親擬電稿轉劉放吾予以嘉勉：

> 急
> 林次長轉史參謀長，羅長官轉孫師長、劉團長：據報我第一一三團在葉南陽〔仁安羌〕激戰以後，救出友軍數千名并克復葉南陽〔仁安羌〕重鎮，殊堪嘉慰。聞我有營長一名亦在是役陣亡，又不禁悼惜繫之。望即將陣亡官兵姓名詳報，以憑敘勳，尚希通令所部，再接再勵，奮勇致果，以竟全功，用副厚望。蔣中正手啟。[33]（圖 16）

---

31 「羅卓英電蔣中正報告劉放吾團經激戰占領仁安羌救出被圍英緬軍第一師並由敵人手中奪獲英方車輛其作戰努力請給予獎勵」（1942 年 4 月 20 日），〈遠征入緬（一）〉，《蔣中正總統文物》，國史館藏，數位典藏號：002-090105-00006-005。

32 「蔣中正日記」，1942 年 4 月 20 日，史丹福大學胡佛研究所藏。

33 「蔣中正電史迪威羅卓英國軍第一一三團克復葉南陽重鎮殊堪嘉慰望詳報陣亡官兵以憑敘勳」（1942 年 4 月 21 日），〈革命文獻—同盟國聯合作戰：遠征軍入緬（二）〉，《蔣中正總統文物》，國史館藏，數位典藏號：002-020300-00020-011。

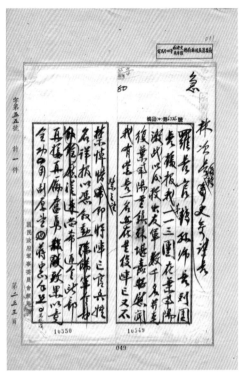

圖16：蔣中正毛筆親擬電獎劉團長電稿
資料來源：「蔣中正電史迪威羅卓英國軍第一一三團克復葉南陽重鎮殊堪嘉慰望詳報陣亡官兵以憑敘勳」（1942年4月21日），〈革命文獻—同盟國聯合作戰：遠征軍入緬（二）〉，《蔣中正總統文物》，國史館藏，數位典藏號：002-020300-00020-011。

　　上述電文、日記顯示，孫立人在第一時間上報劉放吾所取得的戰果，羅卓英於次日（20日）上午據以致電蔣中正，經林蔚核實，蔣中正在當天日記中特別記下要「電獎劉團長」。

　　證實新38師司令部編撰向軍委會呈報的仁安羌戰鬥詳報，以專業的手筆掩蓋真相，將4月18、19日兩天團的作戰命令與要圖篡改。然而，顧慮到只有3個營為主戰兵力的命令，若以「師」為標題，終將受到熟悉參謀作業者的質疑。命令主文遂隱匿各營的部隊稱號，以左翼隊、右翼隊取代，模糊受命單位的層級。標題再冠以新38師稱號，移花接木編造師長指揮的史證。[34]並將由團長劉放吾率領第113團，從曼德勒趕赴喬克巴唐增援英軍，

---

34 〈再探中國遠征軍仁安羌戰鬥詳報暨第113團替英軍解圍〉，張鑄勳主編，《中國遠征軍滇緬路之作戰》（臺北：政大出版社，2022年），頁107。

改成由副師長齊學啟帶隊，最終將仁安羌之戰精心設計成一場團長消失，完全由師長指揮，僅一個團作戰的師級戰鬥，令人難以察覺。再加上《緬甸蕩寇志》推波助瀾，民間專書、學者論文、老戰士訪談多所引用，長期以來以訛傳訛，導致錯誤影響廣泛，是為仁安羌大捷史實謬誤之根源。

第五章
英勇事蹟銘記史冊

　　1963 年，香港爆發「真假將軍案」，轟動兩岸三地。臺灣《徵信新聞報》刊出〈光榮戰史從頭說　真假將軍揭謎底〉報導，引起世人關注，仁安羌大捷歷史真相與劉放吾將軍事蹟，進入公眾視野。

　　1992 年 4 月，仁安羌大捷 50 週年，劉放吾將軍仁安羌解救英軍的事蹟，在臺灣華視新聞、臺視《熱線追蹤》、《聯合報》和美國《世界日報》再被提起，當年槍林彈雨下出生入死的青年軍官，已是 93 歲高齡。

　　1992 年 4 月初，英國前首相柴契爾夫人在美國芝加哥緊握老將軍雙手，感謝他 50 年前於仁安羌解救英軍。[1]

　　時任加州州長的 Pete Wilson 於 4 月 20 日仁安羌大捷 50 週年當天，致函表揚劉放吾將軍：

> 我很高興與您一同慶祝二次大戰緬甸仁安羌大捷。我知道您親歷大戰，且對 50 年前這一段歷史記憶深刻。只有熱血忠誠的人，能領軍在戰爭中致勝，或奮不顧身加入戰鬥，您已經證明自己出類拔萃的能耐。
>
> 身為中國遠征軍第 113 團團長，您曾面臨解救英軍、美國記者及傳教士的艱苦戰鬥，雖然兵員損失三分之一，您及官兵仍然克敵

---

1 〈仁安羌戰役五十年紀念　英國軍民不忘救援恩　佘徹特向劉放吾致謝〉，《世界日報》，1992 年 4 月 11 日，版 A3。

致勝，完成任務。您的英勇，促成戰役捷報。[2]

時任洛杉磯縣政委員會主席的 Deane Dana 也在同日向劉將軍道賀：

在仁安羌歷史性戰役 50 週年，請接受我衷心的祝賀與謝忱。

50 年前，您的行動拯救許多也影響到下一代無數生命；您對自由及民主的熱忱，足為任何國家、任何年齡公民的模範。

洛杉磯及加州居民，都樂於為您在最黑暗時刻中帶來自由慶賀。[3]

6 月 10 日，時任英國國防部長芮夫金致函劉放吾將軍指出：

瑪格麗特‧柴契爾夫人寫信告訴我，她 4 月在紐約〔按：應為芝加哥〕與您會晤，並告知 1942 年 4 月於緬甸仁安羌，您及您所領導的全團官兵，解救被日軍包圍的英緬第一師的英勇事蹟。今年是此戰役五十週年，該役發生在對日作戰最黑暗的時期，也是最為艱苦的一場戰役，貴團官兵為解救英軍傷亡慘重。請讓我在這裡，向您和您領導的貴團官兵解救英軍於危難的義舉表達最誠摯的謝忱。[4]

時任美國總統的布希（George H. W. Bush, 1924-2018）也於 7 月 27 日致函劉放吾將軍表示：

我很高興從您兒子劉偉民處獲悉，在第二次世界大戰仁安羌戰役中，您領導的中國遠征軍第 113 團的英勇事蹟，雖然不少勇士為戰役捐軀。在此大捷五十週年之際，我願意代表國家再次重申，感謝您當年解救 500 位美國記者、傳教士、僑民及數千英軍的英勇行為，我也同時向您對國家與世界所做出的重大貢獻，表達誠

2　劉偉民藏。

3　劉偉民藏。

4　劉偉民藏。

摯的敬意。[5]

這些遲到 50 年，來自英美元首的感謝、讚揚與肯定，固然是劉放吾生前最大的慰藉，也是對當年追隨劉放吾第 113 團全體弟兄們最大的安慰。在柴契爾夫人代表英國和英國人民謝恩兩年後，1994 年 6 月 29 日，劉放吾以 95 歲高齡辭世。

2011 年 12 月 23 日，馬英九總統明令追頒劉放吾「褒揚令」，全文如下：

> 陸軍少將劉放吾，識宇標峻，端宜方純。少歲趨庭承訓，仁孝傳家繼世；迺以四郊多壘，矢志效命疆場，爰獻身黃埔軍官學校，擐甲披袍，彌彰智勇。歷任團長、東北保安支隊副司令、騎兵副旅長、陸軍官校幹訓總隊總隊長暨陸軍高級參謀等職，秉果毅資賦，懷俊秀雄才，出膺戎寄，委重投艱。抗日軍起，迭預一二八淞滬會戰、八一三上海會戰，扞忠赴難，浴血鋒鏑；振旅奮戰，戮力安攘。嗣奉召率部馳援緬甸仁安羌英軍，攻殲奏捷，揚麻異域；復掩護撤離卡薩，見危受命，高義丕彰。旋於旁濱、南先慶諸地作殊死戰，得使盟軍成功撤退，枹鼓相應，蜚聲國際。綜其生平，馳騁四裔，擊寇殲強弩之末；金戈鐵馬，開禦敵必勝之勢，勳績懋猷，史冊聿昭。斯人已遠，軫悼彌深，應予明令褒揚，用示政府篤念忠藎之至意。[6]（圖 17）

5　劉偉民藏。

6　劉偉民藏。2012 年 2 月 28 日，馬英九總統追頒劉放吾將軍政府最高榮典「總統褒揚令」，由駐洛杉磯臺北經濟文化辦事處處長龔中誠親赴劉府代表頒予劉放吾將軍後人。

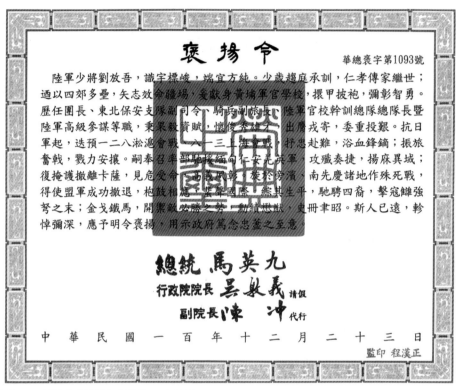

圖17：馬英九總統追頒劉放吾褒揚令

資料來源：劉偉民提供。

第六章
結語：最光榮的一團，最後離出戰場

「秦時明月漢時關，萬里長征人未還，但使龍城飛將在，不教胡馬渡陰山。」我從小就喜歡唐代詩人王昌齡這首〈出塞〉詩的「干雲豪氣」。

父親去世後，在他的遺物中留下了四頁文字，工整的寫下：「仁安羌」痛殲日寇記，最光榮的一團，最後離出戰場！

父親一生戎馬，馳騁沙場，「最光榮的一團，最後離出戰場！」，相信是父親作為一個軍人，一生中最大的驕傲。

1941 年 12 月 8 日（夏威夷當地時間 7 日）日軍偷襲珍珠港，同日，轟炸菲律賓、馬來半島、香港等美、英基地，掀起大舉南侵的序幕，太平洋戰爭東、西兩邊「同在一天」正式爆發。

日軍在亞洲戰場氣焰高漲，勢如破竹，短短數月，橫掃東南亞，七萬美國菲律賓聯軍放下武器，八萬新加坡英軍向日本侵略者投降。

第二次世界大戰一片黑暗，1942 年 4 月 19 日，中國遠征軍第 113 團於緬甸仁安羌以不足一團僅 800 餘人的兵力，在團長劉放吾的指揮下，以劣勢武器裝備，石破天驚，擊潰兵力數倍於己並具空優的日軍，解救盟軍於覆亡。

仁安羌大捷震驚中外，那是我們這個民族，在被人打得趴下的年代，少有的榮光。成就了我中國遠征軍入緬作戰營救盟軍，旗開得勝第一仗。

仁安羌作戰只是第 113 團投入戰場的開始，艱苦隨後而來。4 月 21 日奉令掩護英軍及我軍撤退，第 113 團還未得到喘息，又再置身於槍林彈雨中。旋以盟軍調整戰略，奉令轉進，5 月 6 日，第 113 團派往卡薩，掩護大

軍撤退。任務完成後，復遭日軍追擊，進入野人山，至窮山絕谷，幾經絕水斷糧，扶傷忍痛，攀藤附葛，官兵愈加團結，寧為玉碎不為瓦全。

　　1942 年 5 月 30 日的夜晚，強渡清得溫江。渡江之前，父親發出了兩通電報，一通給軍委會何應欽，一通給師部孫立人，電報裡只有兩句話：「劉團今夜渡江，不成功便成仁。」趁著黑夜，全團官兵在日軍砲艇的追擊下，泅泳橫渡大江，渡江時無線電浸水無法與師部聯絡，後方謠傳劉團全軍覆沒。母親在都勻帶著三個稚齡的小孩，聞訊後當場昏厥。過江後，蘆葦深處無路可走，給養亦告斷絕，經一天之開路方離危境，六天之後方與師部取得聯繫。從卡薩到野人山，父親日記寫下「過七關」，比關公「過五關」為險，能順利通過實屬大幸。

　　劉團從仁安羌到卡薩，經野人山再到印度，前後苦戰數十日，官兵極度疲勞，彈藥殆盡，一路上餐風宿露，大多生病。此時的團長積勞成疾，由擔架抬著，直接進入印度盟軍醫院，經過兩個多月調養，方得康復。

　　遠征印緬入蠻荒，父親曾經感嘆地寫下：「逝者已矣，尚何言哉，未死於野人山原始森林中，甚幸」、「可憐無定河邊骨，猶是春閨夢裡人」，撫今追昔，既悲壯，又蒼涼。

　　開戰救盟軍，遠征戰史第一功，掩護大軍撤退，孤軍殿後，功成身不能退，輾轉野人山，艱苦備嘗。南先慶渡江前，兩通電報：「不成功，便成仁」，豪情壯語，驚天地，泣鬼神。

　　解救英軍義薄雲天，盟軍殿後更是艱險，攻守兩傳奇相互輝映。「成功」與「赴義」盡顯軍人魂！

　　中國遠征軍第 113 團，「最光榮的一團，最後離出戰場！」

　　壯哉！劉放吾團長，壯哉！我第 113 團！

　　我的團長我的團！昭昭青史，萬古流芳！

後記一
感言

　　《傳奇詩篇：劉放吾將軍與仁安羌大捷》的成書，讓我在心靈上，再一次完完整整的陪伴了父輩們經歷的那一場生與死、鮮血與砲火洗禮的悲壯與蒼涼。

　　在彙撰這本書的過程裡，最讓我刻骨銘心的是父親所留下的四個字：「杜撰」、「賭氣」。

　　我在父親的遺物中發現 1986 年 8 月 7 日美國《世界日報》刊載的一篇文章〈仁安羌痛殲日寇記〉，父親在上面只眉批寫了兩個字「杜撰」。（圖18）父親是 1994 年去世的，他生前從來沒有和我講過這件事，我很好奇，把內容看完後，發現這篇文章和 1946 年出版，孫立人侄兒孫克剛所著的《緬甸蕩寇志》裡面的內容幾乎一模一樣。這也讓我想起了小時候看到父親的書桌上，長年疊放著一大一小兩本書，在下面的一本是遠征軍的畫冊，在上面的一本正是《緬甸蕩寇志》，可以想見父親對這本最早扭曲戰史的記載是非常在意的。

　　父親在世的時候，我曾經問過他：「您這麼會打仗，為什麼不參加第二階段的緬北反攻，而要回國唸書？」他的回答只有兩個字：「賭氣」。父親去世前，我為了寫書，在中央研究院的資料中發現了一封父親寫給師長孫立人的陳情書，日期是 1943 年 7 月 18 日，那是仁安羌作戰結束一年多以後的事，那時父親正在重慶準備陸軍大學入學考試。

　　仁安羌解救英軍之後，父親奉命掩護大軍撤退，孤軍殿後，任務完成後復遭日軍追擊，進入野人山，攀藤附葛，扶傷忍痛，歷盡艱險，幾經周折，

圖18：劉放吾親筆眉批文章「杜撰」
資料來源：劉偉民提供。

最終趁著夜黑率領全團泅渡清得溫大江，進入印度，成為「最光榮的一團，最後離出戰場！」父親因積勞成疾，住進盟軍醫院兩個多月，病癒後在印度參加整訓半年多，發現仁安羌戰事史實被扭曲，真相被掩蓋，傷心失望之餘，最終決定離開傷心地。

　　這封陳情書字字血淚，讀來令人鼻酸，父親一生志在軍旅，印度整訓，換裝美制武器裝備，官兵信心大增，反攻滇緬報效國家，建功立業此其時也，何以捨此良機只為「賭氣」，反應的正是仁安羌戰後一年，心境還壓抑在史實真相被扭曲掩蓋的不平與憤怒中，決心放棄建功立業的願景，讀書以

明志。

　　父親一生戎馬，為國家民族立下了不世的功業，最後卻「兩袖清風，一肩明月」。雖然一輩子受盡委屈，但也從來沒有聽他批評過長官一個字一句話。這樣的氣度，這樣的胸襟，真的是光風霽月，高山仰止。父親生前不會知道這段戰史在他逝後會爭議數十年，但他默默留下的「杜撰」與「賭氣」四個字，卻為印證仁安羌之戰這段歷史的真相，留下了罕見與珍貴的史例。

　　夫為將者，能去能就，能柔能剛；能進能退，能弱能強。

　　人生在世，數十易寒暑，在世之時，不求功名，不為利祿；去世之後，功在當代，澤流後世。

　　《左傳》有言：「太上有立德，其次有立功，其次有立言，雖久不廢，此之謂不朽。」

　　劉放吾將軍的道德情操與不世功業，為世人與子孫立下了不朽的典範。

後記二
吾的家

　　在這本書裡，我最想表達的是我母親的故事。談到仁安羌之戰，談到這些中國軍隊的英勇，在這裡我要給大家傳達一個訊息：更偉大的是在這些英雄、這些軍人身後的母親和妻子，這些女人，他們更偉大！想想看，母親生下了孩子，送到戰場上，不知道是生是死。作為妻子，丈夫在戰場上打仗，成天擔驚受怕，不知道什麼時候能回來，還不知道回不回得來。

　　仁安羌作戰結束之後，父親掩護大軍撤退，孤軍殿後，任務完成後，被日軍追擊，進入野人山。於 1942 年 5 月 30 日夜晚，率領全團官兵，在日軍砲艇的追擊下，泅泳橫渡清得溫江，渡江時無線電浸水無法與師部聯絡，後方謠傳劉團全軍覆沒。母親在都勻聞訊後，當場昏厥。

　　父親去世後，我在他的遺物中發現一張題為「吾的家」的照片。（圖 19）這張照片，父親一直留在身邊，保存了數十年。照片上是我母親帶著三個孩子，左右是我哥哥姐姐，母親坐著，懷

圖 19：劉放吾將軍遺物中照片「吾的家」
資料來源：劉偉民提供。

中抱著一個長得眉清目秀的嬰兒，胖嘟嘟的非常可愛，他是我的二哥。照片下方有我父親親筆寫的「吾遠征緬印，如等留都勻」（「吾」是指父親劉放吾、「如」是指母親柳振如）。父親出征緬甸時，二哥正要出生；父親遠征回來，二哥已因病缺乏醫療而去世。父親在緬甸仁安羌能夠解救七千多英國軍人的生命，卻無法救回自己親生兒子的生命，留在身邊的僅是一張黑白照片和一輩子永難磨滅的傷痛記憶。對我母親來說，她所經歷的是「丈夫的生離，孩子的死別」，難道這就是作為一個中國軍人妻子的宿命？

我常想，我們在歌功頌德，講述中國軍人多麼偉大的時候，難道忘記了他們身後的這些女人了嗎？在那個戰亂的時代，軍人的待遇非常微薄，父親長年在外面打仗，我們兄弟姊妹都不敢去想，那些艱苦的歲月，母親是怎麼挺過來的。

年紀越大，思念越深。所以我對這些做母親的，做妻子的，感受特別深刻。我常常不是讚揚我父親是民族英雄、多了不起怎麼樣，而是慨嘆，在他後面的妻子，看不到自己的親人，不知道丈夫的生死存亡，還要把自己的孩子拉拔長大。這些中國軍人背後的女人，才是真正的英雄！

後記三
八十年前的今天

謹以劉放吾將軍之子，本書作者劉偉民先生，2022 年 4 月 19 日在馬英九基金會、國立政治大學人文中心主辦「中國遠征軍第一次入緬作戰八十週年座談會」致詞〈八十年前的今天〉，作為本書《傳奇詩篇：劉放吾將軍與仁安羌大捷》後記。

八十年前的今天，也就是 1942 年 4 月 19 日，中國遠征軍第 113 團，以不足一團僅 800 餘人的兵力，在團長劉放吾的指揮下，以劣勢武器裝備於緬甸仁安羌擊潰兵力數倍於己，武器裝備精良，並具空優的日軍第 33 師團第 214 聯隊，解救了被日軍圍困、糧盡彈絕，已瀕臨崩潰的英緬第 1 師及裝甲第 7 旅一部，約 7,500 餘人免於被殲。是役是盟軍在東南亞連戰皆北，士氣低迷下的首次勝仗，震驚中外，史稱「仁安羌大捷」。

仁安羌決戰於八十年前的今天，當天中、美、英三國，在印緬戰區的最高指揮官：史迪威、亞歷山大、斯利姆、羅卓英、杜聿明、溫特頓，齊聚 200 公里外的瓢背盟軍指揮所。史迪威當天日記寫道：「我的人很怕日本人，肚子痛了半天，仁安羌今天的情況不是很妙，中國人進攻面過寬，斯利姆擔心緬甸師會被徹底擊潰。」在中、美、英高層都不看好的情況下，仁安羌大捷，中國遠征軍第 113 團，打出了「傳奇」，寫下了「詩篇」。

據當時合眾社戰地記者傑克・貝爾登記述，被救英軍感激之情，溢於言表，有的涕泗縱橫慶祝生還，有的握拳高呼：中國萬萬歲！（Chung Kuo

Wan Wan Sui!）當時跟隨史迪威將軍的懷曼（Willard G. Wyman, 1898-1969）上校，後來當到美國的四星上將，曾感嘆寫下：「第113團的故事，真是一個壯麗的詩篇（The story of the 113th is really an epic）」。[1]

仁安羌大捷，那是我們這個民族，在被人打得趴下的年代，少有的榮光。八十年來這段輝煌的歷史，是波濤壯觀，可也是歷盡滄桑。

戰後，英緬軍第1軍軍長斯利姆將軍的回憶錄《反敗為勝》（Defeat into Victory），卻是這麼說：「中國軍隊沒有時間觀念，藉口官兵缺水，將發起攻擊的時間一再推遲」，最終，「英軍編成縱隊，未經激戰、自行走出來」。

英國緬甸戰區總司令亞歷山大將軍，在他的回憶錄中則更是乾脆，直接寫下：「中國軍隊從未贏得過一次對日作戰」。

仁安羌作戰是英軍在緬戰中，最不光榮的一段歷史，英國人為了大英帝國和他們自己的顏面，或是英國人的優越感，無法接受英緬軍第1師被中國軍隊解救的事實，而選擇在戰後各自的回憶錄裡說謊。當時亞歷山大是上將，斯利姆是中將，兩人後來都當到元帥，他們說的話就是歷史，他們說的「謊言」也是歷史。

「仁安羌大捷」為中國遠征軍，享譽國際的一場重要勝利，由誰指揮在國內爭議多年。被視為第一手資料的「第一次燕南羌戰鬥詳報（自四月十六日至二十一日由燕南羌至貴酉）」，內容已被證實以「不實居多」，加上南京中國第二歷史檔案館資料的開放，及「蔣中正日記」、《蔣中正總統文物》等檔案公開解密，仁安羌之戰由團長指揮的真相，已概可認定。

記得小時候有一天放學回家，看見父親獨自悶坐在房間裡，我探頭詢問時，發現父親眼眶裡閃著淚水，他長長嘆了一口氣，沒有說話。後來我才知道，那天他是因為看完了一部電影叫做《最長的一日》（The Longest Day），想到了他自己。在往後的日子裡，我才陸陸續續的感覺到父親心裡好像深埋著委屈。

1　Charles F. Romanus and Riley Sunderland, *Stilwell's Mission to China* (Washington, D. C.: Office of the Chief of Military History, Department of the Army, 1953), p.140.

　　1963 年香港爆發的「冒牌將軍案」轟動兩岸三地。當年 10 月 18 日臺灣的《徵信新聞報》(《中國時報》的前身)，以顯著的篇幅刊出了大半版，標題為「光榮戰史從頭說　真假將軍揭謎底」，真將軍的故事和第 113 團英勇的事蹟，方為世人所知。

　　1992 年 4 月 11 日，美國《世界日報》刊出標題為「仁安羌戰役五十週年　英國軍民不忘救援恩　佘徹特向劉放吾致謝」。4 月初在芝加哥 Ritz Carlton 酒店大廳裡，柴契爾夫人身著一襲紅色外套和黑色長裙，她一看到父親，就立刻快步上前，俯下身來，親切的握著坐在輪椅中劉放吾將軍的雙手。感性的說道：「老將軍，我聽過太多您的故事了，您當年不但解救了七千英國軍人的性命，也同時解救了許多其他人的性命。想想看，這些人，現在都已經到了第三、第四代了，他們的性命都是您救的。今天我代表英國政府和人民，對您表示我深深的感謝之意，將來希望有時間，能坐下來聽您詳細講述當年怎麼打贏仁安羌戰役。」

　　霎時間，我看到父親充滿笑容的臉上，浮垷出異樣的光彩，眼眶中感動的都是淚水，料想這可能是父親歷經戰役五十年來第一次聽到這樣溫馨的話語。他回答說：「我是軍人，打仗是我的職責，英軍是並肩作戰的友軍，當友軍遇到危難的時候，解救他們，也是應該的。」為表示至高的謝忱，柴契爾夫人返回英國之後，還特別囑咐，時任英國國防部長的芮夫金代表英國官方，正式致函劉放吾將軍表達謝意。

　　這段歷史的遺憾，終於在五十年後得到了彌補，我第 113 團官兵的在天之靈，也得到了安慰。說起來也真的是不可思議，八十年前的一場戰役，結下了一位英國世界級的領袖與一位中國將軍，在三十年前相會芝加哥的因緣際會，更為二戰歷史創造了一段傳奇佳話，這一切的一切，好像都是冥冥中的註定。

　　這麼多年來，柴契爾夫人當年說的那段感恩的話語，和她謙恭地俯身緊握著父親雙手的身影，經由媒體廣泛的報導，早已深植人心。柴契爾夫人作為世界級的領袖，代表英國政府和人民，向一位中國將軍面謝感恩，這是我們所有中國軍人的驕傲，也是我們整個中華民族的寶貴資產。

　　2011 年馬英九總統追頒劉放吾將軍總統褒揚令。

　　2012 年 9 月，在仁安羌被救，奇蹟倖存的英國陸軍退役上尉費茲派翠克（Gerald Fitzpatrick, 1919-2018），以 93 歲高齡，偕同妻子，首度踏上美國本土，目的只有一個，就是向當年領導中國遠征軍第 113 團，劉放吾團長的後人謝恩。會面期間，他留下了兩頁親筆簽名的資料，詳細描述了他親身經歷和目睹的仁安羌之戰，這份資料彌足珍貴。

　　次年，他再以親身經歷完成著作《中國人救了英國人——在緬甸（仁安羌作戰）》（*Chinese Save Brits – in Burma [Battle of Yenangyaung]*），[2] 並以此書獻給劉放吾將軍和他的子女。該書還原了仁安羌作戰的真相，彰顯了中國軍人對日抗戰，和對世界和平做出的巨大貢獻。

　　在他的書中有這樣的一段：「中國軍隊在這次行動中重創了日軍在緬甸的迅速推進，以至於日軍必須停下來等待後援，而英國的戰史卻刻意忽略了這次戰役。中國軍隊打亂並延阻了日本軍隊精心準備的進軍計畫，為混亂不堪、忍饑挨餓的殘餘英國軍隊向北脫逃提供了，僅有的一次機會。亞歷山大將軍在他的回憶錄中刻意貶低了中國人的作用，在《亞歷山大回憶錄・第七卷：緬甸》（第 93 頁）他寫道『中國軍隊從未贏得過一次對日作戰』，但我親眼目睹的事實並非如此。對於已故劉放吾將軍率領的中國遠征軍第 113 團這場華麗壯觀，猶如史詩般的仁安羌之戰，我是重要且僅存的見證者。在過去的三、四十年間，我一直在講述這個故事，但卻被歷任首相和國防大臣一再否定。」

　　在他的書裡，還有這麼一段：「一位年輕的醫生在我們啟程前找到了我們，說願意與部隊同行。於是，這位叫 Xavier 的年輕人的陪伴，成了我們第一次享有的醫療服務。這位可憐的年輕人，身上沒有配備任何醫療器具，卻在腰際皮帶上掛著一把左輪手槍，這不得不讓我懷疑他的醫術。……通常當醫生陪同那些再也走不動的士兵，落在部隊後面時，我們會在繼續前行時

2　Gerald Fitzpatrick, *Chinese Save Brits – in Burma (Battle of Yenangyaung)* (Fitzpatrick Publishing, 2013).

不久，聽到後方傳來兩聲急速的槍響。靠著那把 0.45 英吋口徑的手槍，醫生以最人道的方式，治癒了傷病們的痛苦。那兩顆子彈，就是這位年輕醫生可以給予這些病人的最仁慈的治療。」

斯利姆將軍在他的回憶錄裡也有這樣的一段：「英緬師突圍時，一些傷勢嚴重的官兵們不得已被留在救護車上。一位年輕的砲手軍官，自告奮勇地想回去看看他們的命運。在夜色的掩護下，他成功地回到了救護車停放的地點。救護車還在那，但裡面的傷兵不是被割了喉，就是被刺死。」

由這些片段，你可以看出英軍當時的慘狀，如果沒有國軍解圍，他們哪有可能像斯利姆書上說的：「編成縱隊，未經激戰，自行走出來」。

父親生前從不提戰功，卻常說當年帶出去的子弟兵，許多永遠再也無法把他們帶回來。看不到妻兒，見不到爹娘，這些年輕的生命，為國家、為民族戰死沙場，甚至屍骨無存，先父每次和兒女提及此事，都會感慨而唏噓。

我們可以感受到他老人家心底裡的那份心酸和悲涼。

近年來，尤其令人倍感傷痛難忍的是，二戰之後中國遠征軍在緬甸的墓地和墓碑大多被鏟平，以致中國在二戰中用鮮血建成的功勳遺跡也被一一抹去；而英國在仰光建立的國家公墓，氣勢恢宏，整個大英國協在二戰中在緬甸陣亡的官兵，有遺骸的，沒有遺骸的，有名的，無名的，都在那裡得到了安息和祭奠。即便日本作為一個戰敗國，也在戰後透過各種途徑，在全緬甸日軍曾經作過戰的地方，修建大量慰靈紀念碑，甚至連戰馬都受到供奉。

我們的父輩，中華民族的英雄，為國家犧牲生命，竟落得客死他鄉，魂歸無處，我們身為炎黃子孫，身為遠征軍的後人，面對此情此景，心中能無感慨？

2013 年 1 月 13 日，我們劉放吾將軍的後人，在緬甸仁安羌古戰場，籌建完成「仁安羌大捷紀念碑」（圖 20），為前輩先烈招魂安靈。做為後代子孫的我們，今後無論如何宣傳、如何紀念、如何歌頌，都不為過！

同年 7 月 7 日，將他們的靈位，迎回了湖南老家的南嶽衡山忠烈祠，了卻了他們的團長劉放吾將軍生前的心願，我真的此生何幸，能夠陪伴他們走完回鄉的最後一程。從緬甸仁安羌到衡山忠烈祠，不能算是一個很遙遠的路

程，但我們的前輩先烈，卻整整走了 71 年！這裡有祖國的風，祖國的雲，同胞的關懷，家人的溫馨。讓我們的前輩先烈們，能夠在風光明媚的衡山忠烈祠，永永遠遠長眠安息。

2013 年中國大陸中央電視臺《海峽兩岸》、《華人世界》、《軍事紀實》等欄目，多次播出仁安羌大捷與建碑、迎靈等相關專題節目，以及劉放吾將軍一生的傳奇事蹟。

2014 年 9 月 2 日，《人民日報》第三版【國際論壇】刊出社科院近代史研究員、中國抗日戰爭史學會會長步平的一篇專欄〈抗戰勝利，中國國際地位大幅提升〉。[3] 文章中寫道：「1942 年春，劉放吾率中國遠征軍在緬甸仁安羌解救了被日軍圍困的 7,000 餘英軍及家屬。1942 年 1 月，26 個反法西斯國家在華盛頓簽署《聯合國家宣言》。當時，美國明確表示中國已成為反法西斯同盟國中的主要力量，但當時的英國首相邱吉爾對中國的大國地位尚有懷疑。從邱吉爾的懷疑到撒切爾〔柴契爾〕夫人的親自致謝，證明抗日戰爭使中國國際地位發生了根本性變化，……中國國際地位的變化，不是大國賜予的，而是中國人民在抗日戰爭中長期浴血奮戰獲得的。」

2015 年，中央電視臺紀念抗戰勝利七十週年大型紀錄片《東方主戰場》，第五集《同盟抗敵》特別介紹劉放吾團長指揮取得仁安羌大捷的史實，再現英國前首相柴契爾夫人代表英國政府和人民向劉放吾將軍親自致謝時的珍貴影像。

2020 年 9 月 3 日，中華人民共和國國務院，正式將「仁安羌大捷紀念碑」列入國家級抗戰紀念設施、遺址名錄。

父親去世後，我在整理他的日記時，看到了他引用唐詩陳陶的〈隴西行〉：「可憐無定河邊骨，猶是春閨夢裡人」。父親一生戎馬，馳騁沙場，但這短短的兩句詩，道盡了戰場的殘酷和無奈，更襯托出英雄們的兒女情長。縱觀古今中外，所有的戰爭歷史，不都是有血、有肉、有情、有愛，用血淚

3　步平，〈【國際論壇】抗戰勝利，中國國際地位大幅提升〉，《人民日報》（北京），2014 年 9 月 2 日，版 3。

交織而成的麼？

　　2022 年是仁安羌大捷 80 週年，過去 4 年多來由馬英九前總統倡導，政大人文中心主任周惠民精心策劃，邀集史學界的菁英，共同編撰「中國遠征軍系列叢書」，彰顯了中國遠征軍對第二次世界大戰的重大貢獻。

　　西班牙哲學家桑塔亞那（George Santayana, 1863-1952）有兩句名言：「歷史會重演」、「不能銘記歷史的人，註定重蹈覆轍」。我也常說，一個尊重歷史的國家才會有希望，一個尊重歷史的民族才會有未來。

　　今天是一個非常值得紀念的日子，感謝大家的參與，讓我們一起在這裡為那些千千萬萬在印緬戰場上為國捐軀的英雄烈士們致上我們最誠摯、最崇高的敬意！我們永遠不會忘記中國遠征軍，我們的前輩先烈用鮮血和生命寫下的這部歷史。他們為國家、為民族所做出的貢獻，將「永垂青史」！

圖20：仁安羌大捷紀念碑

資料來源：劉偉民提供。

魂兮歸來 （碑上祭文）

仁安羌大捷紀念碑塔建成亦碑亦塔。碑者，意在彰顯中國軍人抒忠赴難，浴血鋒鏑，攻殲奏捷，揚麻異域。塔者，意在告慰先烈在天之靈，讓忠魂長眠安息。塔高七層，寓意佛語救人一命勝造七級浮屠。碑塔坐南朝北，為英靈歸鄉之方向，矗立仁安羌古戰場，正是當年傷亡最慘重的地方。七十年前，我中華健兒，為國家，為民族，反侵略，反強權，拋妻棄子，背井離鄉，義無反顧，邁向戰場，不顧白髮爹娘倚閭而望，用青春的生命，救盟軍於覆亡。我一一三團八百壯士，傷亡過半，二百零二忠魂，捐軀沙場，屍骨無存，客死他鄉，朝朝暮暮，不知魂歸何方。先父生前每念及此，心中無限悲涼。我劉家後人深體先父心願，多年以來，念茲在茲，不敢或忘。今碑塔建成，願我前輩英靈，沿碑塔之所向，魂歸故國，重返梓鄉，領家人之祭祀，享骨肉之蒸嘗。碑塔矗立，賦英雄尊嚴，昭前輩榮光。碑上英名無法周詳，忠魂偉績，必隨此役，光耀千秋，史冊輝煌。中華兒女，後代子孫，永遠銘記，萬世景仰。

中國遠征軍一一三團團長劉放吾之子劉偉民敬誌

公元二〇一三年一月十三日

附錄一
仁安羌作戰大事記

1942 年

4 月 9 日

- 黃昏，日軍第 33 師團自阿蘭廟兵分三路，展開攻略仁安羌油田計畫。
- 英緬第 1 師、英印第 17 師及各自配屬之裝甲第 7 旅部隊，沿伊洛瓦底江以東兵分兩路北撤。

4 月 10 日

- 中國遠征軍第 66 軍新 38 師自臘戌抵達曼德勒，清理廢墟構築防禦工事，作為遠征軍總預備隊劃歸遠征軍副司令長官兼第 5 軍軍長杜聿明指揮。

4 月 11-13 日

- 11 日，日軍右翼原田部隊（第 215 聯隊）在薩特丹與英印第 17 師交戰，成功掩護其作間部隊（第 214 聯隊）於 12 日迂迴向仁安羌疾進。
- 英印第 17 師隨後北撤至東敦枝。
- 左翼日軍荒木部隊（第 213 聯隊）繼續沿伊洛瓦底江東岸一路向北追擊英緬第 1 師。

4 月 14 日

- 英緬第 1 師在馬格威之因河南北兩岸構築陣地抵禦日軍。
- 英緬軍總司令亞歷山大請求中方派兵支援英軍。
- 17 時，遠征軍司令長官羅卓英命令新 38 師，派其第 113 團由團長劉放吾率領，即刻由曼德勒趕赴仁安羌以北之喬克巴唐支援英軍（英緬第 1 師），歸英方指揮。

4月15日

- 13時，英緬第1軍軍長斯利姆下令開始爆破仁安羌油田設施。
- 新38師再奉羅卓英命令，由副師長齊學啟率領第112團至東敦枝以北之納特曼克支援英軍（英印第17師），並掩護第5軍側背，歸杜聿明指揮。

4月16日

- 午後，油田破壞作業結束，斯利姆率其軍部北撤至歸約，下令英緬第1師伺機擺脫日軍向仁安羌撤退。
- 16時，劉放吾率第113團抵達喬克巴唐駐防。
- 深夜，作間部隊迂迴至仁安羌油田區以北之賓河，占領賓河兩岸要地，截斷英緬第1師退路。

4月17日

- 4時，荒木部隊進占馬格威，準備繼續追擊英軍。
- 上午，斯利姆聽說中國遠征軍第113團已抵達喬克巴唐，立刻驅車前往會晤。
- 11時，斯利姆面交劉放吾團長親筆手令替英軍解圍，劉放吾待團部參謀以無線電向曼德勒師司令部確認受英方指揮關係無誤後，即率全團官兵開赴仁安羌賓河北岸實施攻擊準備。
- 午後，齊學啟率第112團抵達納特曼克駐防。
- 下午，師長孫立人自曼德勒趕往瓢背，欲面見羅卓英請示親往前線，抵達時已經深夜，因固守曼德勒係之前蔣中正親自面命，新38師作為平滿納會戰總預備隊，羅卓英不可能同意他離開曼德勒，由參謀長楊業孔代為接見，告以司令長官不准，孫仍自行前往。
- 19時，劉放吾率113團抵達賓河北岸擊退日軍警戒部隊。之後英軍以戰車12輛，火砲3門支援作戰，由劉放吾統一指揮，隨即策訂作戰計畫，下達次日攻擊命令。

4月18日

- 拂曉，第113團按昨日團長策訂的作戰計畫，在攻擊發起線附近展開，準備向賓河北岸的日軍發起攻擊。

- 6時半,賓河以南被困的英緬第1師師長斯高特率部沿公路突圍,在敦貢村隘口被日軍所阻。

- 晨,斯利姆視導第113團攻擊準備情形,剛趕到戰場的孫立人隨同前往,並親自擔任翻譯,斯利姆對團長劉放吾的沉著幹練與兵力部署充滿信心。此時仁安羌中英聯盟作戰軍令系統由斯利姆統籌指揮,南岸英緬第1師及配屬戰車營由斯高特指揮;北岸國軍第113團及英方支援戰車、砲兵由劉放吾指揮。孫立人身分為曼德勒衛戍司令並無指揮權,受斯利姆授權可對第113團進行督導。

- 至午時許,第113團擊退日軍高延部隊,日軍涉水逃至南岸固守頑抗。第113團繼續攻擊受阻,與敵隔河對峙。期間,英方戰車為賓河泥淖所陷,難以渡河發揮功能。

- 午後,劉放吾召開團部作戰會議,斯利姆、孫立人與會指導,聽取當日作戰概況、討論明日行動方案。劉放吾依據斯利姆最後裁決,指導團部參謀研擬作戰計畫,召集各營營長及戰車、砲兵隊長下達命令,並於19日按計畫部署兵力指揮作戰。

- 16時半,斯高特電告斯利姆,部隊受持續行軍與戰鬥的影響,且缺水嚴重無力突圍,請求同意毀掉武器裝備利用夜暗掩護潛出。斯利姆要求再堅守一夜,表示已下令中國軍隊明晨發起攻擊。屆時英軍再一起突圍,就不必犧牲寶貴的武器裝備。

- 當晚,作間獲知其聯隊所屬德重大隊來援,士氣大振。懍於賓河北岸已到的中國軍隊,攻擊猛烈直逼賓河岸邊,是否尚有大部隊即將到達增援難以判定。為避免逸失戰機,決定北守南攻迅速解決戰局,遂令德重大隊於次日拂曉向英軍側背攻擊,欲以新銳部隊一舉殲滅失去戰力的英緬第1師。

4月19日

- 4時半,劉放吾指揮第113團在天色未明前渡過賓河,拂曉於南岸發起攻擊。

- 7時,英緬軍第1師試圖突圍很快又被增援的日軍壓制,炎熱依舊,乾渴依舊,軍隊在精疲力竭之際又受到猛烈攻擊,死傷又增,仍被困於敦貢村南部。斯利姆指出:儘管軍官不斷安撫,英緬軍第1師已經完全崩潰。

- 早晨，斯利姆被亞歷山大召到瓢背開會，於一早離開賓河前線。一名英國軍官以為後方受敵襲擊，將戰車調離戰場回防，第 113 團以步砲協同與日軍展開激戰。8 時半至午後 1 時許，戰況最為激烈，日軍占有空優，雙方於我既得陣地反復爭奪，一度陷入白刃戰，劉放吾斷然決定使用預備隊投入戰鬥，戰場情勢轉為有利，日軍傷亡枕藉，我預備隊第 3 營營長張琦壯烈成仁。

- 14 時，第 113 團攻克 501 高地，占領南岸制高點，進展逐次順利，遂將油田區之敵完全擊潰，克服全部油田。

- 15 時左右，第 113 團攻入敦貢村，並救出 200 餘名被俘英軍及英美記者、傳教士和僑民等共 500 餘人，日軍逐次抵抗向南退卻，第 113 團繼續掃蕩占據堅固建築物頑強抵抗之敵。

- 下午，日軍第 33 師團主力第 213 荒木聯隊陸續抵達仁安羌。

- 傍晚，劉放吾指揮第 113 團肅清殘敵占領要點，掩護英緬第 1 師 7000 餘人經我左側向賓河北岸陸續撤出，解圍作戰基本結束。

4 月 20 日

- 凌晨，原田部隊（第 215 聯隊）由伊洛瓦底江水路抵達，與作間部隊及荒木部隊會合，至此日軍第 33 師團三個聯隊全部集結於仁安羌南部。

- 9 時，第 113 團在仁安羌油田區以南約 10 公里一帶地區，與敵成對峙狀態。10 時許，約 400 餘日軍向我左翼包圍，我步砲兵協同迎擊，敵未得逞。

- 晨，新 38 師指揮所及直屬部隊之大部開抵賓河北岸。

- 上午，新 38 師留守曼德勒之第 114 團（欠第 1 營）奉羅卓英命令將防務移交接防之新 28 師第 83 團後，離開曼德勒，向喬克巴唐輸送，預定 4 月 22 日抵達喬克巴唐。

- 羅卓英巳時（上午 9 至 11 時）去電，將孫立人報告劉團戰果轉報蔣中正，蔣中正再經軍委會駐滇緬參謀團團長林蔚申時（下午 3 至 5 時）來電核實，在當天日記中特別記下：「我新卅八師孫立人之劉團在葉南陽〔仁安羌〕油田中心擊退敵軍，救出英緬軍七千人之多，葉南陽〔仁安羌〕亦得克復，此實可慰之事，經此一戰，敵或不敢向我右翼放肆如昔者矣，此乃緬戰轉勝之機乎。……預定一、電獎劉團長。……」

- 16時，日軍在仁安羌實施反攻，以砲兵掩護從第113團左翼施行包圍，劉放吾指揮步砲協同對敵施行制壓與反包圍，激戰至19時擊退敵軍確保陣地。

- 黃昏前，齊學啟率第112團自納特曼克抵達賓河北岸。入夜，敵以大批汽車輸送部隊大量增援。第113團解救英軍的任務已於日前達成，敵軍主力也已到達戰場，第33師團已全部集結，判斷日軍明晨拂曉將發起攻擊。前時（4月18日）孫立人已奉羅卓英預備命令於達成解圍任務後向喬克巴唐遲滯作戰，即與斯利姆協調率部北撤。遠征軍重新調整指揮關係，律定第112、第113兩團歸還建制，此時第113團指揮權從英方回歸中方，由原新38師師長孫立人指揮遂行新任務。

4月21日

- 淩晨3時，劉放吾率第113團撤退，渡賓河北上。天明後，孫立人再奉羅卓英命令，集結兵力於喬克巴唐，以掩護平滿納方面第5軍主力撤退。

- 上午，蔣中正親筆擬電稿轉達劉放吾予以嘉勉：「據報我第一一三團在葉南陽〔仁安羌〕激戰以後，救出友軍數千名并克復葉南陽〔仁安羌〕重鎮，殊堪嘉慰。……尚希通令所部，再接再勵，奮勇致果，以竟全功，用副厚望。蔣中正手啟。」

附錄二
斯利姆回憶錄《反敗為勝》中譯本評述

　　第二次世界大戰時期，印緬戰場上的英緬軍司令斯利姆將軍，於戰後十餘年的 1956 年出版回憶錄《反敗為勝》（*Defeat into Victory*），其「中譯本」（萊桑卓譯）於 65 年後的 2021 年 3 月 1 日，由北京民主與建設出版社正式出版發行。[1] 這樣的書通常只有研究印緬戰史的專家學者才有興趣，有人願意投下這麼多的時間、精神和金錢，將全書譯成中文，本來應該是件好事才對。

　　中譯本強調本書在彰顯斯利姆「超凡的指揮才能」，而其新書在網路上促銷的「精彩內容摘要」，卻選擇聚焦在第一次緬戰的「仁安羌作戰」這個章節上，而斯利姆軍事生涯巔峰是在後來指揮英帕爾作戰（Battle of Imphal）及收復緬甸奪回仰光的多次作戰，而仁安羌作戰卻是英軍及其軍長斯利姆最黑暗，也是最不光彩的一段歷史。英文原書有 576 頁，為什麼偏偏選擇與仁安羌作戰有關的這段文字？

　　「仁安羌大捷」到底是師長還是團長指揮的，爭議了數十年。近年來由於南京中國第二歷史檔案館的資料開放，「蔣中正日記」、《蔣中正總統文物》等檔案公開解密，以及其他新資料的出現，收錄在〈新編第三十八師緬甸戰役戰鬥詳報〉之「第一次燕南羌戰鬥詳報（自四月十六日至二十一日由燕南

1　威廉・約瑟夫・斯利姆（William Joseph Slim）著，萊桑卓譯，《反敗為勝：斯利姆元帥印緬地區對日作戰回憶錄（1942-1945）》（*Defeat into Victory: Battling Japan in Burma and India, 1942-1945*）（北京：民主與建設出版社，2021 年）。

羌至貴西）」與所附「作戰要圖」已證實造假，仁安羌作戰是團長劉放吾指揮概可論定。

斯利姆的回憶錄《反敗為勝》敘事時間跨越 1942 至 1945 年，中譯本插入了原書沒有的圖片，全書厚達 624 頁。但在仁安羌這段的翻譯，感覺極具針對性，即便只有幾個字的不同翻譯，其意思就會完全相反，從而誤導了讀者與後人，相信這就不是大家所樂見的了。試舉幾個例子說明：

一、英文原書第 64 頁：Why he changed his mind I do not know. I suspect some of the Chinese of various ranks who had flowed in and out of the room throughout our interview must have brought a message from Sun, telling him to do whatever I wanted. Once he got moving, I had no complaints about my Chinaman. Indeed within the next few days I got to like him very much.[2]

最後二句：Once he got moving, I had no complaints about my Chinaman. Indeed within the next few days I got to like him very much.

中譯本：一旦他開始行動，那我就沒法再埋怨這些中國下屬了。在接下來的短短幾天內，我就對他產生了極大的好感。[3]

準確翻譯應為：他一旦開始行動，我對我的這位中國朋友完全無法挑剔（或翻成：簡直無懈可擊）。事實上，在往後的幾天裡，我真的非常喜歡他。

說明：原文中的「my Chinaman」，比對斯利姆文章的前後文，明顯的這裡「我的中國朋友」是指「團長」，而不是中譯本翻譯的「這些中國下屬」。原文「him」指的是一個人，而不是一群人。斯利姆是讚美「團長」，而不是讚美「這些中國下屬」。

二、英文原書第 65 頁：Later in the day, Lieut.-General Sun Li Jen,

2　William Slim, *Defeat into Victory* (London: Cassell and Company, Ltd., 1956), p. 64.

3　威廉・約瑟夫・斯利姆（William Joseph Slim）著，萊桑卓譯，《反敗為勝：斯利姆元帥印緬地區對日作戰回憶錄（1942-1945）》（*Defeat into Victory: Battling Japan in Burma and India, 1942-1945*）（北京：民主與建設出版社，2021 年），頁 69。

commanding the 38th Division, arrived.[4]

中譯本：當天傍晚，指揮新編第 38 師的孫立人中將到場。[5]

準確翻譯應為：在那天的後來，指揮新編第 38 師的孫立人中將到了。

說明：斯利姆原書用「Later in the day」，寫得非常含糊。中譯本用「當天傍晚」，而斯利姆原文並沒有說是當天「傍晚」，說早了，孫立人還在路上；說晚了，斯利姆已睡了。準確的翻譯應為「在那天的後來」，那就可以早到傍晚前，也可以晚到半夜前。而事實上，孫立人實際到達時間並非當天（4 月 17 日）傍晚，而是 18 日晨。

4 月 17 日中午，孫立人在曼德勒接到劉放吾團長報告斯利姆面交親筆手令，要駐防喬克巴唐的劉團長率領第 113 團到仁安羌的賓河北岸救援被圍英軍。孫立人先打電話請示遠征軍司令長官羅卓英欲親往仁安羌前線，但駐守曼德勒係蔣中正親自面命，而新 38 師是平滿那會戰的總預備隊，羅卓英不可能同意他前往。孫立人便從曼德勒輕車簡從前往遠征軍前進指揮所瓢背，面見羅卓英再爭取。到達時由參謀長楊業孔代為接見業轉告上面不准，[6]據「第一次燕南羌戰鬥詳報（自四月十六日至二十一日由燕南羌至貴酉）」記載，孫、楊兩人爭執直到 18 日凌晨 4 點（參謀長無權決定師級主官離開責任區），[7]最後孫立人決定抗命，自行前往仁安羌。瓢背與仁安羌相距約 180 公里，至少需要 4 個小時車程，顯然孫立人實際到達賓河前線的時間，只可能是在 4 月 18 日晨，而不是 17 日晚。仁安羌戰鬥詳報亦記載，孫

4　William Slim, *Defeat into Victory* (London: Cassell and Company, Ltd., 1956), p. 65.

5　威廉・約瑟夫・斯利姆（William Joseph Slim）著，萊桑卓譯，《反敗為勝：斯利姆元帥印緬地區對日作戰回憶錄（1942-1945）》（*Defeat into Victory: Battling Japan in Burma and India, 1942-1945*）（北京：民主與建設出版社，2021 年），頁 70。

6　孫立人講述，沈敬庸編輯，《中國軍魂：孫立人將軍鳳山練軍實錄》（臺北：臺灣學生書局，2013 年），頁 547。

7　「第一次燕南羌戰鬥詳報（自四月十六日至二十一日由燕南羌至貴酉）」，〈新編第三十八師緬甸戰役戰鬥詳報〉，《國防部史政局和戰史編纂委員會》，中國第二歷史檔案館藏，檔號：787-11655，頁 27。

立人到達時在 18 日晨。[8]

在 4 月 18 日拂曉攻擊前，斯利姆對這次團長領導攻擊（Lead the Attack，英文原書第 66 頁）還有些不放心，他擔心團長還會出現 17 日受命時的遲疑。[9] 其實，第 113 團此前改受英方指揮，但具體任務尚不明確，劉團長接到斯利姆交付任務後，須報請師部電轉遠征軍長官部，經羅卓英核准才能行動，這讓斯利姆足足等了一個半小時，並非遲疑。斯利姆將這點疑慮告知當時已趕赴前線的孫立人將軍，孫將軍表示：「我們去看看（Let's go and see）」。[10] 因此，斯利姆、孫立人和劉放吾三人第一次見面的時間，應在 18 日的早晨，此時第 113 團已於天明前按團長劉放吾的攻擊計畫展開於戰場上了，當三人到達連指揮所時，攻擊的槍砲聲頓起，戰事已經開打。[11] 所以孫立人不是 17 日傍晚到達，是 18 日晨。而且不可能如斯利姆回憶錄所說：「討論第二天早上攻擊行動的細節。」[12] 因為攻擊計畫是 17 日劉放吾率部到達賓河北岸，納編英軍戰車砲兵後所策訂。斯利姆是在 18 日晨到達賓河北岸視導團、營、連指揮所，聽取各級指揮官報告時才知道攻擊細節。

書中稱孫立人師長為「Lieut.-General Sun Li Jen（孫立人中將）」，[13] 然而國軍師長的編階為少將（Major General），多年後斯利姆記憶顯然有誤。

三、英文原書第 65 頁：His division has no artillery or tanks of its own, and I was therefore arranging that all the artillery we had this side of the Pin Chaung and all available tanks should support his attack. I decided there and then that these arms should not be "in support of" but "under command of" his

---

8　「第一次燕南羌戰鬥詳報（自四月十六日至二十一日由燕南羌至貴酉）」，〈新編第三十八師緬甸戰役戰鬥詳報〉，《國防部史政局和戰史編纂委員會》，中國第二歷史檔案館藏，檔號：787-11655，頁 27。

9　William Slim, *Defeat into Victory* (London: Cassell and Company, Ltd., 1956), p. 66.

10　William Slim, *Defeat into Victory* (London: Cassell and Company, Ltd., 1956), p. 66.

11　William Slim, *Defeat into Victory* (London: Cassell and Company, Ltd., 1956), p. 67.

12　William Slim, *Defeat into Victory* (London: Cassell and Company, Ltd., 1956), p. 65.

13　William Slim, *Defeat into Victory* (London: Cassell and Company, Ltd., 1956), p. 65.

division.[14]

最後一句：...these arms should not be 'in support of' but 'under command of' his division.

中譯本：這些武器不是「支援」他的師，而是「置於他的指揮之下」。[15]

準確翻譯應為：這些武器不是「支援」而是「置於他的師指揮之下」。

說明：中譯本少譯一個「師」字，則指揮權的歸屬不同。對比斯利姆 4 月 17 日面交第 113 團團長劉放吾親筆手令：「致第 113 團團長劉上校：茲派貴官率領貴團全部乘汽車至賓河地區，在該處你將與安提斯准將會合，他將以所有戰車支援你的部隊。你的任務是攻擊並消滅賓河北岸約兩英里公路兩側之敵。W. J. Slim 中將 1942 年 4 月 17 日上午 11 時。」

國防部史政編譯局編寫的《抗日戰史：滇緬路之作戰》頁 68，也說明英方輕戰車及砲兵「支援該團之攻擊行動」，史證明確。[16]

「師」指的是部隊，「他」指的是個人。斯利姆原文是說：「置於他的師指揮之下」，他的師在仁安羌戰場上只有第 113 團一個團，所以仍然是由團長指揮，而不是如中譯本所譯：「置於他〔師長〕的指揮之下」。

四、英文原書第 65 頁：I had in fact arranged privately with Sun, as I would have done with a British division commander inexperienced with tanks, always to consult with Anstice before employing them. Sun, being an extremely sensible man, did so.[17]

14　William Slim, *Defeat into Victory* (London: Cassell and Company, Ltd., 1956), p. 65.

15　威廉・約瑟夫・斯利姆（William Joseph Slim）著，萊桑卓譯，《反敗為勝：斯利姆元帥印緬地區對日作戰回憶錄（1942-1945）》（*Defeat into Victory: Battling Japan in Burma and India, 1942-1945*）（北京：民主與建設出版社，2021 年），頁 70。

16　國防部史政編譯局編，《抗日戰史：滇緬路之作戰》（臺北：國防部史政編譯局，1982 年，再版），頁 68。

17　William Slim, *Defeat into Victory* (London: Cassell and Company, Ltd., 1956), p. 65.

中譯本：實際上，我和孫將軍私底下分別對安提斯做了工作。和對待其他沒有指揮坦克經驗的英國師長一樣，我在安排孫將軍使用坦克之前，徵詢了安提斯的意見。孫將軍是一個極其通情達理的人，他也這樣做了。[18]

準確翻譯應為：實際上，我安排私下告訴了孫將軍，正如我會對一個沒有指揮坦克經驗的英國師長一樣，在動用坦克前，一定要先徵詢安提斯的意見。孫將軍是一個非常明理的人，他也這樣做了。

說明：斯利姆原文指「我私下告訴了孫立人」，是斯利姆和孫立人兩個人在對話。他告訴孫立人在動用坦克前，一定要先徵詢安提斯的意見，字句非常清楚明確。孫立人在仁安羌戰場沒有指揮權，他的身分是向斯利姆提供建議，並在獲得斯利姆授權下可以前往第 113 團督導。因為新 38 師沒有戰車，孫立人沒有指揮戰車作戰的經驗，而安提斯是專家。所以斯利姆交待孫立人在督導第 113 團動用戰車之前，一定要先徵詢安提斯的意見。這樣的叮嚀明確而必要，而孫立人也這麼做了。

中譯本則譯為「我和孫將軍私底下分別對安提斯做了工作」，編造孫立人已對裝甲旅長安提斯做了工作，斯利姆也同樣對安提斯做了工作，事先已徵詢過安提斯意見，所以孫立人這位從來沒指揮過戰車的步兵師長，在動用坦克時可以不用再去徵詢安提斯。中譯本將原文只有兩個人的對話變成了三個人對話，既不符翻譯規定也違背翻譯精神，對照原文，字句相差無幾，意義相距千里，明顯是在模糊主題，誤導為英方戰車改受孫立人指揮。

仁安羌作戰為步戰砲協同作戰，必須統一指揮。步兵攻擊是在運動中進行，進退分合臨機應變，沒有協調連繫的射擊更可能誤擊步兵。所以拆散第113 團的協同作戰編組，將戰車與砲兵改由孫立人指揮，係違背戰爭原則，不符準則規定，在實務上也不可行。[19]

18　威廉・約瑟夫・斯利姆（William Joseph Slim）著，萊桑卓譯，《反敗為勝：斯利姆元帥印緬地區對日作戰回憶錄（1942-1945）》（*Defeat into Victory: Battling Japan in Burma and India, 1942-1945*）（北京：民主與建設出版社，2021 年），頁 71。

19　〈再探中國遠征軍仁安羌戰鬥詳報暨第 113 團替英軍解圍〉，張鑄勳主編，《中國遠征軍滇緬路之作戰》（臺北：政大出版社，2022 年），頁 85。

　　再就是斯利姆在他回憶錄第 64 頁寫道，對於中國人他記得三件事，其中第三件就是中國人要「面子」，如果有一個建議能讓中國人在執行的時候能夠提升他的聲望，他總是會接受的，不管這個面子是什麼，對西方人而言有時還會造成不良的困擾。[20] 斯利姆並表示據他所知，孫立人是第一位實際指揮盟軍戰車和砲兵的中國將軍，而這能讓他和他的手下們大大地掙到「面子」。[21]

　　中英兩軍在緬甸的聯盟作戰互信不足，孫立人是劉放吾在建制上的直屬長官，在仁安羌雖然沒有指揮權，但有影響力。斯利姆表示，當天較晚時候新 38 師的師長孫立人趕到，斯利姆和他探討次日的攻擊細節（按：孫立人係 18 日晨到達），他顯得尚有疑慮，而獲得他的信任對斯利姆而言非常重要。[22] 事實上斯利姆為了加強步戰砲協同管制更快速運用火力，已經把原來提供「支援」第 113 團的戰車火砲，改為歸第 113 團團長劉放吾直接「指揮」，再提出上述說法，不過是為了爭取孫立人信任，以消除孫立人對他的疑慮，給孫立人「面子」。斯利姆比任何人都清楚，第　位實際指揮盟軍戰車和砲兵作戰的是團長劉放吾。

　　本文藉著對中譯本的評述，也同時指出並糾正斯利姆回憶錄中，對國軍不公、不義也不誠實的記載。如斯利姆在他的回憶錄裡稱中國軍隊沒有時間觀念，[23] 就是為仁安羌「英軍自行編成縱隊未經激戰、自行走出來」[24] 的謊

20　William Slim, *Defeat into Victory* (London: Cassell and Company, Ltd., 1956), p. 64.

21　William Slim, *Defeat into Victory* (London: Cassell and Company, Ltd., 1956), p. 65.

22　〈再探中國遠征軍仁安羌戰鬥詳報暨第 113 團替英軍解圍〉，張鑄勳主編，《中國遠征軍滇緬路之作戰》（臺北：政大出版社，2022 年），頁 87。新 38 師第 113 團受斯利姆指揮只是暫時性，師長來到戰場雖然沒有指揮權，因為是第 113 團的直屬長官，團長達成任務後還是要回到建制單位受師長指揮，所以師長仍有影響力。斯利姆如果同意他留下，團長執行軍長命令時，師長雖然無權干涉，但若看法稍有不同私下告知團長，通常受到團長的尊重，貫徹命令的程度或許受到影響。中英聯盟作戰互信不足，這種現象並不罕見。斯利姆有此顧慮，所以認為爭取孫立人的信任很重要。

23　William Slim, *Defeat into Victory* (London: Cassell and Company, Ltd., 1956), p.64.

24　William Slim, *Defeat into Victory* (London: Cassell and Company, Ltd., 1956), p.71.

言，埋下伏筆。

　　但比對史迪威 4 月 19 日日記：「羅卓英和杜聿明 10 點 30 分來訪。現在這些傢伙的臉上有了笑容。我們又有一個絕好的機會，在仁安羌大開殺戒。亞歷山大、斯利姆、羅卓英、杜聿明、溫特頓〔按：英國少將，亞歷山大的參謀長〕等人來訪，我的人很怕日本人，肚子痛了半天，他們把午飯推遲到 3 點 15 分。仁安羌今天的情況不是很妙，中國人進攻的面過寬，斯利姆擔心緬甸師會被徹底擊潰。」[25] 證實斯利姆實際當天一早就遠赴瓢背去參加一場並不需要他親自列席的軍事會議，整天都不在仁安羌戰場，完全沒有參加 19 日這個最後也是最關鍵的一場決戰。

　　4 月 19 日仁安羌激戰時，亞歷山大就在史迪威指揮所，很清楚最終是靠第 113 團擊敗優勢日軍，改變英軍險被全殲的命運。國軍這場以寡擊眾的大勝，當時中外媒體廣為報導，亞歷山大在他的回憶錄竟然寫道：「中國軍隊從未贏得過一次對日作戰」，[26] 史迪威日記同樣證明了，亞歷山大這位上將也是在說謊。

　　仁安羌作戰，第 113 團陣亡 202 人傷 318 人，[27] 全團傷亡過半，我前輩先烈為解救盟軍付出如此重大犧牲代價，最後卻被斯利姆說成英軍是自行出圍的，為自圓其說甚至編造出一個不明身分的胖軍官，藉口缺水一再拖延進攻的離譜場景，將英軍脫險歸結成「幸運」。亞歷山大和斯利姆同為緬甸戰場的英軍最高指揮官，戰後兩人都當到元帥，他們為了大英帝國和他們自己的顏面，或是英國人的優越感，無法接受英軍是被中國軍隊救出來的事實，而在各自的回憶錄中選擇說謊。

25　史迪威（Joseph W. Stilwell）著，林鴻譯，《史迪威日記》（哈爾濱：北方文藝出版社，2014 年），頁 83。

26　Alexander of Tunis, *The Alexander Memoirs, 1940-1945* (Barnsley: Pen & Sword Books Ltd., 2020, reprint ed.; 1st ed. 1962), p. 93.

27　「陸軍新編第三十八師燕南羌戰 詳報第一號總表」，收入「第一次燕南羌戰 詳報（自四月十六日至二十一日由燕南羌至貴酉）」，〈新編第三十八師緬甸戰役戰鬥詳報〉，《國防部史政局和戰史編纂委員會》，中國第二歷史檔案館藏，檔號：787-11655，頁 42。

斯利姆回憶錄《反敗為勝》的內容討論，可參見如下的解析：

斯利姆對仁安羌作戰的記述，主要在掩蓋國軍解救英軍的事實，
雖然稱讚第 113 團是支訓練嚴格、有作戰經驗的部隊，對團長
在砲火下的勇敢沉著深具信心，譽為優秀幹練的軍人，又指部隊
沒有法紀觀念、不遵守時間則互相矛盾。優秀幹練的團長指揮訓
練嚴格又有作戰經驗的部隊，怎可能沒有法紀觀念或開戰不遵守
時間。此等說法旨在貶低國軍形象，為英軍自行突圍製造理由。
回憶錄指國軍部隊藉口缺水，一再拖延攻擊的問題不在孫將軍身
上，因為他有「許多」承諾接受命令卻不執行的下屬，此說也是
編造，每一位當過部隊指揮官的職業軍人都知道，下令開戰時不
可能出現許多抗命不執行的下屬，因為敵前抗命會立即槍決。如
果孫立人到前線督戰，發現這種狀況而沒有處置應負最大責任。
斯利姆不可能譴責部隊抗命反而替負責督戰的孫立人開脫，這些
記載顯然由不知兵者所代筆。[28]

其回憶錄中關於仁安羌作戰的記載甚多不符史實，參考價值有限。

斯利姆雖然在《反敗為勝》這本回憶錄的前言中說明：「這是一篇個人
敘述，視角來自一個軍或者集團軍的指揮官，因此很多見解常常受到所處環
境的限制。我寫作這本書的基礎是：我當時寫的一篇短篇記述、一篇簡略
日記、一些當時的新聞和我的回憶。因而，對於其中的不準確之處，我只對
我在其中發表的意見和做出的判斷負責。」[29]然而，斯利姆對仁安羌英軍自行
突圍的不實說法，卻稱無關其「發表的意見」和「做出的判斷」。像這樣的
「不擔責聲明」，不也正顯示了他對自己在書中所編造的謊言有著心虛嗎？

28　張鑄勳主編，〈再探中國遠征軍仁安羌戰鬥詳報暨第 113 團替英軍解圍〉，《中國遠征軍
　　滇緬路之作戰》（臺北：政大出版社，2022 年），頁 130-131。

29　威廉・約瑟夫・斯利姆（William Joseph Slim）著，萊桑卓譯，《反敗為勝：斯利姆元帥
　　印緬地區對日作戰回憶錄（1942-1945）》（*Defeat into Victory: Battling Japan in Burma and
　　India, 1942-1945*）（北京：民主與建設出版社，2021 年），頁 I。

　　斯利姆將軍後來在印緬戰場及對二戰，有不可磨滅的貢獻，其回憶錄《反敗為勝》在史學界也有一定的影響，我們無意在此貶抑和批判斯利姆及其著作，只是藉著我們自己對仁安羌作戰，對這段歷史的深刻研究與瞭解，提醒世人在引用這本原書或其中譯本時，也要有我們自己的判斷。

　　斯利姆回憶錄《反敗為勝》中譯本的出版，若是為了給中文學者提供方便，是值得肯定的。然而若是另有居心，想藉由翻譯的手法來扭曲仁安羌這段歷史，以支持此戰由師長指揮的爭議，這是史學界和大眾都無法接受的，也必將得到相反的結果，最終這本翻譯書將失去它的公信力，也將失去它的價值和意義。

　　仁安羌大捷這段歷史，從最早的「第一次燕南羌戰鬥詳報（自四月十六日至二十一日由燕南羌至貴酉）」到《緬甸蕩寇志》、《孫立人傳》……再到斯利姆《反敗為勝》中譯本，多年來一再不停的被扭曲篡改，何時能休！

徵引書目

檔案

《蔣中正總統文物》，國史館藏。

〈革命文獻—同盟國聯合作戰：遠征軍入緬（一）〉

〈革命文獻—同盟國聯合作戰：遠征軍入緬（二）〉

〈遠征軍入緬（一）〉

《國防部史政局和戰史編纂委員會》，中國第二歷史檔案館藏。

〈新編第三十八師緬甸戰役戰鬥詳報〉

「蔣中正日記」，史丹福大學胡佛研究所藏。

專書

Alexander, Harold, *The Alexander Memoirs, 1940-1945*, ed. John North. New York: McGraw-Hill, 1962.

Belden, Jack, *Retreat with Stilwell*. New York: Alfred A. Knopf, 1943.

Combined Inter-Services Historical Section, *Official History of the Indian Armed Forces in the Second World War 1939-45: The Retreat from Burma 1941-42*, ed. Bisheswar Prasad. Calcutta: Sree Saraswaty Press Ltd., 1952.

Eldridge, Fred, *Wrath in Burma*. New York: Doubleday, 1946.

Fitzpatrick, Gerald, *Chinese Save Brits – in Burma (Battle of Yenangyaung)*. Fitzpatrick Publishing, 2013.

Romanus, Charles F., and Riley Sunderland, *Stilwell's Mission to China*.

Washington, D. C.: Office of the Chief of Military History, Department of the Army, 1953.

Slim, William, *Defeat into Victory*. London: Cassell and Company, Ltd., 1956.

Stilwell, Joseph W., *The Stilwell Papers*, ed. Theodore H. White. New York: W. Sloane Associates, 1948.

中國人民政治協商會議全國委員會文史資料委員會《遠征印緬抗戰》編審組編，《原國民黨將領抗日戰爭親歷記：遠征印緬抗戰》，北京：中國文史出版社，1990 年。

中國第二歷史檔案館編，《滇緬抗戰檔案》，上冊，北京：中國文史出版社，2019 年。

日本防衛廳防衛研修所戰史室編，曾清貴譯，《緬甸攻略作戰》，日軍對華作戰紀要叢書（44），臺北：國防部史政編譯局，1997 年。

史迪威（Joseph W. Stilwell）著，林鴻譯，《史迪威日記》，哈爾濱：北方文藝出版社，2014 年。

步兵研究發展室編訂，《步兵團（民國五十七年六月三十日修訂）》，桃園：陸軍總司令部，1968 年。

沈克勤編著，《孫立人傳》，上冊，臺北：臺灣學生書局，2005 年。

威廉・約瑟夫・斯利姆（William Joseph Slim）著，萊桑卓譯，《反敗為勝：斯利姆元帥印緬地區對日作戰回憶錄（1942-1945）》（*Defeat into Victory: Battling Japan in Burma and India, 1942-1945*），北京：民主與建設出版社，2021 年。

孫立人講述，沈敬庸編輯，《中國軍魂：孫立人將軍鳳山練軍實錄》，臺北：臺灣學生書局，2013 年。

孫克剛，《緬甸蕩寇志》，上海：時代圖書公司，1946 年，再版。

徐康明，《中緬印戰場抗日戰爭史》，北京：解放軍出版社，2007 年。

秦孝儀主編，《中華民國重要史料初編——對日抗戰時期・第二編：作戰經過（三）》，臺北：中國國民黨中央委員會黨史委員會，1981 年。

國防部史政編譯局編，《抗日戰史：滇緬路之作戰》，臺北：國防部史政編

　　譯局，1982 年，再版。

張鑄勳、阮大仁等合著，《一號作戰暨戰後東亞局勢的影響》，臺北：臺灣
　　學生書局，2019 年。

張鑄勳主編，《中國遠征軍滇緬路之作戰》，臺北：政大出版社，2022 年。

劉偉民，《劉放吾將軍與緬甸仁安羌大捷》，香港：今日出版社，2007 年，
　　第四版。

劉偉民主編，《仁安羌作戰檔案史料彙編》，臺北：政大出版社，2023 年，
　　第二版。

報紙與雜誌

Los Angeles Times (Los Angeles), 1942.

The New York Times (New York), 1942.

The Times (London), 1942.

《大公報》（重慶），1942 年。

《朝日新聞》（東京），1942 年。

《聯合晚報》（臺北），2012 年。

《徵信新聞報》（臺北），1963 年。

《世界日報》（紐約），1992 年。

《世界日報》（紐約），1994 年。

索引